河北省社会科学基金项目(HB18GL028)
探索建立更高质量就业指标体系及实现路径研究

大学生更高质量就业的评价及实现路径研究

陈 玲 著

中国纺织出版社有限公司

内 容 提 要

高校扩招政策让更多年轻人有接受高等教育的机会，也推动了高等教育事业的蓬勃发展，为国家经济发展输送了大量人才，但同时也使大学生就业形势一年比一年严峻，就业难背后折射的是大学生对更高质量就业的期待。本书在回顾就业理论、就业质量的相关研究基础上，梳理大学生就业政策的变迁，描述大学生就业的现状。设计访谈提纲，对不同年份、不同学校、不同专业毕业的大学生做深度访谈，探讨大学生更高质量就业评价的结构维度，运用层次分析法构建大学生更高质量就业评价体系，通过发放问卷的方式得出定量分析结果。结合上述分析，提出有效提升大学生更高就业质量的实现路径。

本书可以用于高校师生对就业质量专题学习的研讨，也可以供相关从业人员阅读和参考。

图书在版编目（CIP）数据

大学生更高质量就业的评价及实现路径研究／陈玲著 .－－北京：中国纺织出版社有限公司，2023.4
ISBN 978-7-5180-3541-0

Ⅰ. ①大… Ⅱ. ①陈… Ⅲ. ①大学生－就业－研究 Ⅳ. ① G647.38

中国国家版本馆 CIP 数据核字（2023）第 036456 号

责任编辑：宗　静　　特约编辑：韩翠娟
责任校对：王蕙莹　　责任印制：王艳丽

中国纺织出版社有限公司出版发行
地址：北京市朝阳区百子湾东里 A407 号楼　邮政编码：100124
销售电话：010—67004422　传真：010—87155801
http://www.c-textilep.com
中国纺织出版社天猫旗舰店
官方微博 http://weibo.com/2119887771
三河市宏盛印务有限公司印刷　各地新华书店经销
2023 年 4 月第 1 版第 1 次印刷
开本：710×1000　1/16　印张：9
字数：150 千字　定价：88.00 元

凡购本书，如有缺页、倒页、脱页，由本社图书营销中心调换

前言 PREFACE

　　高校扩招后大学生就业形势一年比一年严峻，叠加2019年新冠肺炎疫情因素，大学生就业更加凸显困难，很多大学生主动或被动选择暂时不就业。2022年大学毕业生数量突破千万，但相对于庞大的人口总量来说，大学毕业生依然是社会的少数群体，理应不会出现就业难现象。大学生就业难的深层原因是不愿意低质量就业，党的"十八大"以来提出更高质量就业，而如何评价更高质量就业，如何实现大学生的更高质量就业，这些问题还在探讨中。

　　本书主要分为七个部分的内容：第一，绪论。对研究背景与问题，研究目的与意义，研究思路和方法，研究内容及结构安排等进行介绍。第二，概念界定、理论回顾和文献综述。解析大学生就业、就业质量和更高质量就业的概念，回顾梳理相关理论，对国内外有关就业质量评价指标体系作出综述。第三，大学生就业的现状及影响因素，首先整理大学生就业政策从统包统分到市场化配置的变迁，其次阐述大学生当前的就业形势和就业落实情况，分析影响大学生就业的影响因素。第四，通过访谈法讨论大学生就业质量。经过访谈对象选取，访谈提纲设计和实施步骤等，从不同侧面分析大学生就业质量。第五，大学生更高质量就业指标体系的设计和构建。解析大学生更高质量就业的内涵，大学生更高质量就业的指标体系设计和原则、选取维度，进而构建大学生更高质量就业指标体系。第六，大学生更高质量就业的实证检验。通过问卷设计与发放，收回样本做统计分析，对大学生更高质量就业做出评价。第七，大学生更高质量就业的实现路径。从政府、用人单位、高校和大学生自身四个方面提出大学生更高质量就业的实现路径。综上所述，本书完成了预计任务，对更高质量的相关理论研究进行拓展，对大学生更高质量就业的实现具有实践意义。

本书具有如下几个特点：一是注重理论广度和精度相结合。从就业理论出发，综合运用访谈法、层次分析法、问卷调查等多种分析方法，注重定性分析与定量分析相结合，论证逻辑缜密。二是注重创新性与基础性相结合。本书在访谈了解当前大学生就业质量的基础上，构建大学生更高质量就业的指标评价体系，运用问卷的方式进行实证检验。三是注重理论性和实践性相结合。本书构建大学生更高质量就业指标评价体系，同时，对于如何实现大学生更高质量就业提出建议，具有实践意义和决策参考价值。

陈　玲

2022年11月10日

目 录

第一章 | 绪 论

第一节　研究背景与问题……………………………………………… 002

第二节　研究目的与意义……………………………………………… 004

第三节　研究思路和方法……………………………………………… 005

第四节　研究内容及结构安排………………………………………… 007

第二章 | 概念界定、理论回顾与文献综述

第一节　核心概念界定………………………………………………… 012

第二节　就业质量的评价体系………………………………………… 015

第三节　本章小结……………………………………………………… 021

第三章 | 大学生就业的现状及影响因素

第一节　大学生就业政策的变迁……………………………………… 024

第二节　大学生就业的现状……………………………………… 030

第三节　影响大学生就业的因素………………………………… 034

第四节　本章小结………………………………………………… 037

第四章 ｜ 大学生就业质量的访谈分析

第一节　访谈法的应用…………………………………………… 040

第二节　访谈结果讨论…………………………………………… 043

第三节　本章小结………………………………………………… 059

第五章 ｜ 大学生更高质量就业指标体系的设计和构建

第一节　大学生更高质量就业的内涵…………………………… 062

第二节　大学生更高质量指标体系设计的原则………………… 065

第三节　大学生更高质量就业的指标选取维度………………… 068

第四节　大学生更高质量就业指标体系构建…………………… 071

第五节　本章小结………………………………………………… 084

第六章 ｜ 大学生更高质量就业的实证检验

第一节　问卷设计与发放………………………………………… 086

第二节　量表信度效度检验……………………………………… 086

第三节　样本统计特征与变量描述性分析……………………… 088

第四节　大学生更高质量就业的评价…………………………… 102

第五节　问卷结果讨论…………………………………………… 109

第六节　本章小结………………………………………………… 111

第七章 | 大学生更高质量就业的实现路径

第一节　政府角度的实现策略………………………………………… 114

第二节　用人单位角度的实现策略…………………………………… 116

第三节　高校角度的实现策略………………………………………… 119

第四节　大学生自身角度的实现策略………………………………… 121

第五节　本章小结……………………………………………………… 123

参考文献 ………………………………………………………………… 125

附　录 …………………………………………………………………… 131

附录1　大学生就业质量访谈提纲…………………………………… 131

附录2　大学生就业质量调查问卷…………………………………… 132

01

第一章

绪　论

第一节 | 研究背景与问题

一、研究的背景

1. 大学生就业难问题日益受到关注

经历20多年的扩招后，大学生就业问题逐渐凸显为保证民生的重要问题，2018年7月中央首次提出"六稳"，其中之一是"稳就业"。受2019年底新冠肺炎疫情的影响，国内经济受到极大冲击，中央及时作出新安排，2020年在"六稳"的基础上提出"六保"，其中之一是"保居民就业"，由此可见"稳就业"和"保就业"是政府工作的重中之重。随着高校毕业人数连年增加，"大学生就业难"问题逐渐受到社会各界关注。扩招政策让更多年轻人有接受高等教育的机会，也推动了高等教育事业的蓬勃发展，为国家经济发展输送了大量人才，但同时也使大学生就业形势一年比一年严峻。当2013年被媒体喻为史上"最难就业季"时，有专家指出可能以后每年都会是最难就业季。智联招聘发布的统计数据显示，2021届高校毕业生单位就业比例不到60%。劳动力市场中高校毕业生的供给持续增加，同时受新冠肺炎疫情的影响，很多吸纳毕业生的企业选择缩减人员招聘或停招，供需之间的不平衡使就业难问题变得更加突出。做好高校毕业生就业工作不仅关系到大学生个体的成长，更关系到社会的稳定和持续发展。

2. 高校就业指导的有效供给不足

随着社会经济的发展，国家对高等教育投入力度增加，全国不同层次的高校进行了不同程度的扩招，大学生人数呈现逐年增长趋势，高校也关注每年毕业生的就业率，但就业指导服务略显不足。理论学习使学生难以将所学和实践相联系，并且高校专业设置不能及时适应市场需求，很多新兴行业人才缺口大，但要招聘到适合的人才却很难。因此，高校就业服务工作变得尤为重要，但在就业指导方面的欠缺，使学生难以了解所学专业的就业去向，涉及寻找工作的一系列问题难以得到专业的解答[1]。随着经济发展方式从粗放型向集约型转变，从讲求数量向高质量发展的转变，对高素

---

[1] 蒋利平,刘宇文.大学生"慢就业"现象本质解析及对策[J].学校党建与思想教育,2020(4):64-66.

质、创新型的大学生需求量持续增长。大型国有企业、科研院所、政府机构等备受大学生青睐的单位，聘用标准也在不断提高，不仅需要大学生有较为扎实的专业基础，而且需要有一定社交能力、团队合作的精神、分析解决问题的能力❶，用人单位往往偏向于聘用"211"和"985"高校毕业的大学生，这无形中增加了双非院校和偏远地区大学毕业生的就业难度。

社会对于名牌重点高校学生的偏爱，使得不在此列的大学生就业时感受到就业的门槛压力❷。面对当前双向选择的就业背景，毕业生在求职阶段身心压力空前巨大，而与之有关的就业服务工作有效供给不足，出现学生毕业时不知道该如何就业或者不愿意低质量就业的情况。

3. 大学生就业从"量"到"质"的变化

高校毕业生就业率于1999年首次公布，此指标一定程度上反映了高校教育和社会需求的适配度。如今，高校毕业生的就业率受到社会各方面的普遍关注，主要原因之一在于，毕业生初次就业率常常被看作高校办学水平的体现，它也在调整专业结构、课程设置等方面给出一些参考。

对高校毕业生就业率的关注和重视，从一定程度上推动了就业"量"的增加，而大学生就业不仅仅是单纯就业数量的问题。

从整个社会提供的工作岗位来看，它远远大于每年高校毕业生的人数，可是大学生就业难问题频频受到关注。因而，劳动力市场中的供需不平衡以结构失调最为严重。而与就业难相对应的是大学生"慢就业"现象的出现，近年来毕业生选择"慢就业"的比例有所增加。中国青年报2019年1月3日新闻报道，在接受采访的群众中，有72.9%的人认为周围存在"慢就业"的大学生❸。根据智联招聘发布《2021大学生就业力调研报告》，严峻的就业形势促使大学生就业心态略显"佛系"，自由职业、学习深造、"慢就业"的多元化就业方式均有扩张，其中选择"慢就业"的比例达到15.8%，较上一年上升6.6%❹。如果大学生仅仅是只为了得到一份工作，那么就业难

---

❶ 杨柳.新形势下"慢就业"大学生的行为表征、生成逻辑及引导策略[J].中国大学生就业指导,2020(14)：43-47.

❷ 刘改花.社会支持视角下高校毕业生就业难的应对策略[J].广西质量监督导报,2021(1)：32-33.

❸ 刘宇文.当前高校毕业生"慢就业"现象研究[J].人民论坛.学术前沿,2019(20)：69-75.

❹ 贾晓荟.灵活就业、自由职业、"慢就业"……今年大学毕业生的就业心态有点"淡定"[EB/OL].(2021-05-13)[2021-10-10].http://www.hangzhou.gov.cn/art/2021/5/13/art_812266_59034783.html.

问题就不会成为问题，关键还是在于如何高质量的就业，所以高校毕业生的就业问题不仅仅停留在是否找到工作，更多的是毕业生是否找到"好的"或者"满意的"工作，这里"好的"工作是就业质量关注的问题，也可以说大学生就业质量和就业率需要同等对待。

二、问题的提出

大学生就业质量不仅关乎个人的未来发展，也关乎大学生身后的每个家庭。2021年政府工作报告中提到"做好高校毕业生、退役军人、农民工等重点群体就业工作"❶。高校通过每年推出校园招聘会，举办创新创业大赛等多种方式促进学生就业。从智联招聘2021就业统计报告看，大学生选择"慢就业"的比例也明显增加。虽然多种举措实施解决大学生就业问题，似乎大学生"不愿意就业"的比例仍然持续增加，与其说是毕业生"不想就业"，不如说是不想低质量就业。2022年高校毕业生人数突破千万，就业难问题受疫情影响变得更难，在这种环境下毕业生为实现更好的就业而选择目前暂缓就业，比如选择继续考研，提升学历得到更好的就业机会，或者准备公务员等考试，其目的是为得到更高质量的就业。因此，大学生就业难问题已不仅仅是停留在数量上的问题，而是大学生对更高质量就业的呼唤和渴求。本书聚焦于大学生如何实现更高质量就业问题，在理论梳理的基础上，结合现实情况，构建大学生更高质量就业评价指标体系并做出实证检验，最终提出大学生更高质量就业的实现路径。

第二节 ｜ 研究目的与意义

一、研究目的

经济发展从注重数量到高质量发展，活跃在其中的人是最重要的因素。大学生作为青年人才，理应在各行各业发挥专业所长，而现实则是在就业中时常碰壁，不知道如何就业或者说即便就业，也很难从工作中获得自我实现。大学生就业质量的研究不仅有助于理解大学生就业难现象，同时在经济发展过程中，有助于协调好劳动力市场

---

❶ 中国政府网.2021年政府工作报告 [EB/OL]. http://www.gov.cn/zhuanti/2021lhzfgzbg/.

的结构性失衡问题，促进大学生更高质量就业。在高等教育从精英化向大众化的转变中，大学生的就业环境发生了变化，高等教育的培养目的是为了毕业生能够更容易和更好地就业，从而推动社会的进步和发展。目前大学生就业形势严峻，完全以大学生自身来解决就业问题较为困难，大学生就业难是一种社会现象，而就业难的背后是不愿意低质量就业。基于此，本书在梳理就业相关理论的基础上，了解大学生就业的现实情况，结合访谈内容做出分析，构建大学生更高质量就业评价指标体系，通过问卷调查的方式，对大学生更高质量就业做出评价，进而提出大学生更高质量就业的途径。

二、研究意义

第一，现实意义。大学生就业难问题频频出现在大众视野中，部分原因是高校连续十几年的扩招政策，可是大学生的数量相对于国家十几亿人口来说，依然是少部分群体，他们的就业应当不会成为问题。就业难问题凸显的背后，不仅仅是就业数量的问题，更是如何提升大学生就业质量，实现更高质量就业的问题。本文通过访谈深度了解大学生就业质量情况，运用层次分析法建立评价指标体系，通过问卷调查分析影响大学生更高质量就业的相关因素，研究结论对于政府制定政策，高校就业指导，大学生自身如何提升就业质量有实际借鉴意义。

第二，理论意义。如何有效化解就业难，实现大学生更高质量就业，寻找理论上可实现的路径也引起了学术界的广泛讨论。大学毕业生作为社会的青年人才，高校的人才培养是为了满足社会经济发展所需，也是为了实现高等教育的社会职能，从而进一步提升教育质量。对大学生更高质量就业的研究，是从理论上对就业、高等教育、社会保障等方面做出的补充和完善。

第三节 | 研究思路和方法

一、研究思路

解决大学生就业难问题，不能仅关注就业数量，更应该关注大学生就业质量。大学生就业问题涉及诸多方面的调整，不是凭单一学科知识就可以完全解决，就业问题的凸显并不能仅靠大学生自我适应，解决这一问题应当是政府、高校、用人单位、大学生自身联动的结果，需要有全局性的眼光，统筹各方面的力量。

本书在借鉴前人研究的基础上，利用多学科知识对大学生更高质量就业问题作出多维度的分析和解读，从而找出切实可行的解决办法。运用文献分析法对前人研究成果梳理和评述，在描述大学生就业现状的基础上形成访谈问卷，运用访谈分析方法对样本进行质性分析，初步讨论大学生就业质量情况。利用层次分析法构建大学生更高质量就业的评价指标体系，再依据不同维度编制问卷，发放回收后，以不同权重计算样本的更高质量就业指数，运用统计软件作出分析。并通过上述的研究分析，提出大学生更高质量就业的实现路径（图1-1）。

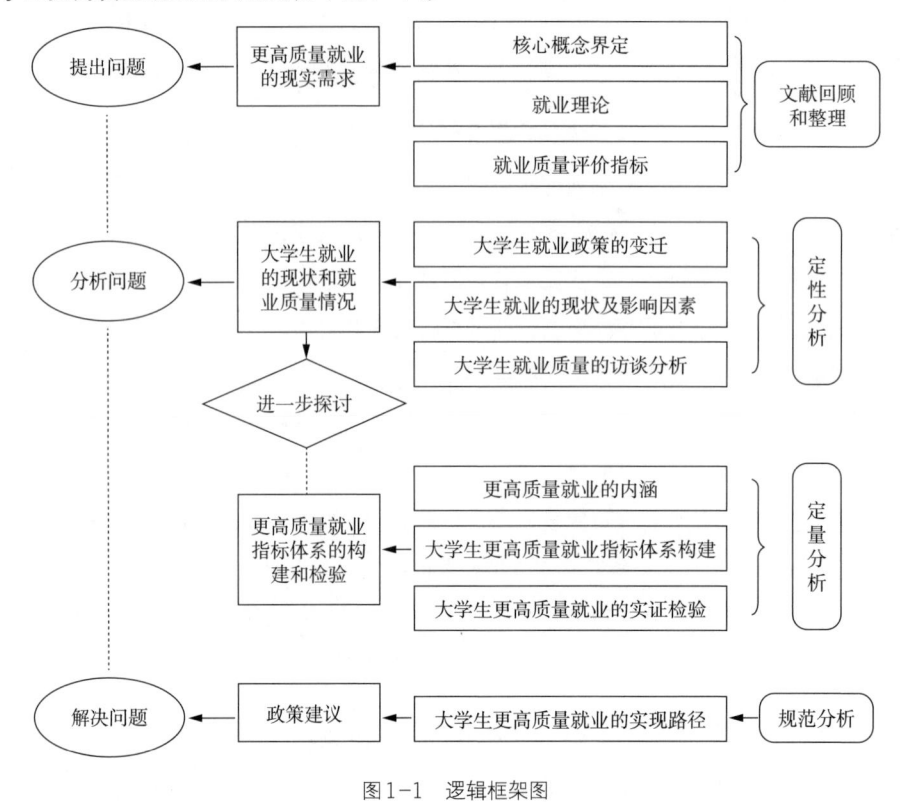

图1-1 逻辑框架图

二、研究方法

根据本书的研究内容和逻辑框架，采用如下几种研究方法：

1. 文献归纳

本书采用文献整理归纳方法，首先对核心概念解析，回顾以往有关就业的理论，梳理国内外对就业质量评价体系的研究现状，从就业质量的选取视角入手，对大学生就业质量评价指标体系做出整理，进而对更高质量就业评价指标体系进行总结，力图对核心研究问题有全面的掌握和了解，以此为基础构建本书的研究主体框架和突破点。

2. 访谈法

访谈法是一种定性研究方法，研究者寻访被研究者通过"交谈"和"询问"的方式了解研究内容，换句话说，也就是口头形式的研究性交谈。本书采用半结构化访谈形式，研究者事先准备粗略的访谈提纲，根据研究需要向受访者提问，访谈提纲更多是提示性的，在与受访者交谈中，受访者可以关于研究内容提出问题，研究者根据访谈情况对访谈内容做出相应调整。访谈法通过向受访者提问，根据回答搜集客观不带偏见的事实资料。

3. 数量分析

为得出更为可靠的结论，在构建更高质量就业指标体系后，通过调查问卷检验大学生更高质量就业的现状。本书在计算出调查样本的更高质量就业指数的基础上，运用统计分析方法，比较不同类别大学生更高质量就业差异，探讨大学生更高质量实现的情况，分析大学生更高质量就业实现的影响因素。

第四节 | 研究内容及结构安排

一、主要研究内容

本书主要内容包括以下四个方面：

第一，梳理大学生就业政策从"统包统分"到"自主就业"的变迁，伴随扩招后大学毕业生的数量连年攀升，就业难问题日益凸显。受新冠肺炎疫情的冲击，从劳动经济学的供需模型分析就业难的原因，结合近几年数据描述大学生就业状况，从国家政策、高校、用人单位、家庭和个体自身分析影响大学生就业的影响因素。

第二，从对20位不同年份、不同行业大学毕业生的访谈中发现，大学生能够很好地适应当前的变化，从就业难易度来说，"985""211"高校毕业生的就业选择要比普通高校多，找工作的渠道主要以校园招聘为主，加班情况与行业有关。大部分毕业生对工作满意度比较高，如果不高，就会考虑换工作。对于工作中的成就感，普遍表示一般，更多地感觉只是一份工作。就业保障和单位性质关联度比较高，劳动关系相对和谐。

第三，构建大学生更高质量就业评价指标体系。在解析更高质量就业的内涵的基础上，遵循科学性、完备性、代表性等原则，结合当代大学生的特点和就业质量的评价维度及影响因素，采用6个一级指标及26个二级指标，构建大学生更高质量就业评价指标体系。

第四，大学生更高质量就业的实证检验。在构建大学生更高质量就业评价指标体系的基础上编制问卷，首先介绍问卷的设计和发放，量表的信度效度检验；其次是样本统计特征和描述性统计分析，再对每个样本问卷数据采用极差变换，测算大学生更高质量就业指数，作出相关性分析，分析影响大学生更高质量实现的影响因素。

二、结构安排

本书的结构安排如图1-2所示。

第一章，绪论。本章主要说明本书的研究背景与问题、研究目的和意义、研究思路和方法、主要研究内容、本书的结构安排等。

第二章，概念界定、理论回顾与文献综述。本章在对核心概念界定的基础上，回顾和梳理就业相关理论，综述就业质量评价体系。从就业质量指标选取视角，大学生就业质量评价指标体系和更高质量就业评价指标体系三方面对就业质量评价体系研究成果综述。

第三章，大学生就业的现状及影响因素。阐述大学生就业政策从统包统分、供需见面双向选择、自主择业，到新冠肺炎疫情下的就业政策变迁，从大学生就业市场的经济学供需分析发现就业难背后的原因，再以目前毕业生就业落实情况作出现状描述，分析影响大学生就业的因素。

第四章，大学生就业质量的访谈分析。首先说明访谈对象的选取，访谈提纲的设计，访谈的实施步骤，质量保障措施与不足之处。其次采用半结构化访谈的方式，对不同年份、专业、岗位的大学生对就业质量这一主题进行访谈，最后对访谈结果做出分析讨论。

第五章，大学生更高质量就业指标体系的设计和构建。结合访谈内容，首先，构建大学生更高质量就业初始评价指标体系；其次，采用Delphi法对大学生更高质量就业评价指标进行筛选及优化，明确评价指标层次模型；最后，运用层次分析法计算评价因素对评价目标的权重，从而构建大学生更高质量就业评价指标体系。

第六章，大学生更高质量就业的实证检验。在构建指标体系的基础上编制调查问卷，通过问卷的发放和回收，运用统计软件对不同变量进行描述性统计分析和相关分析，计算大学生更高质量就业指数，比较不同类别大学生的就业质量差异，分析影响大学生更高质量就业的因素。

第七章，大学生更高质量就业的实现路径。大学生更高质量就业的实现需要多方协调，本章从政府、用人单位、高校和大学生自身四个方面提出大学生更高质量就业实现的具体策略。

第一章	绪　论	研究背景、目的意义、思路方法
第二章	概念界定、理论回顾与文献综述	理论回顾、文献综述
第三章	大学生就业的现状及影响因素	大学生就业政策的变迁　大学生就业的现状 影响大学生就业的因素
第四章	大学生就业质量的访谈分析	访谈法的应用：访谈对象的选取、访谈提纲的设计、访谈的实施步骤、质量保障措施与不足之处 → 访谈结果讨论
第五章	大学生更高质量就业指标体系的设计和构建	大学生更高质量就业内涵、指标体系设计和原则、指标选取维度 → 指标体系构建
第六章	大学生更高质量就业的实证检验	问卷设计发放、描述性统计分析、大学生更高质量就业评价 → 问卷结果讨论
第七章	大学生更高质量就业的实现路径	政府角度　用人单位　高　校　大学生自身

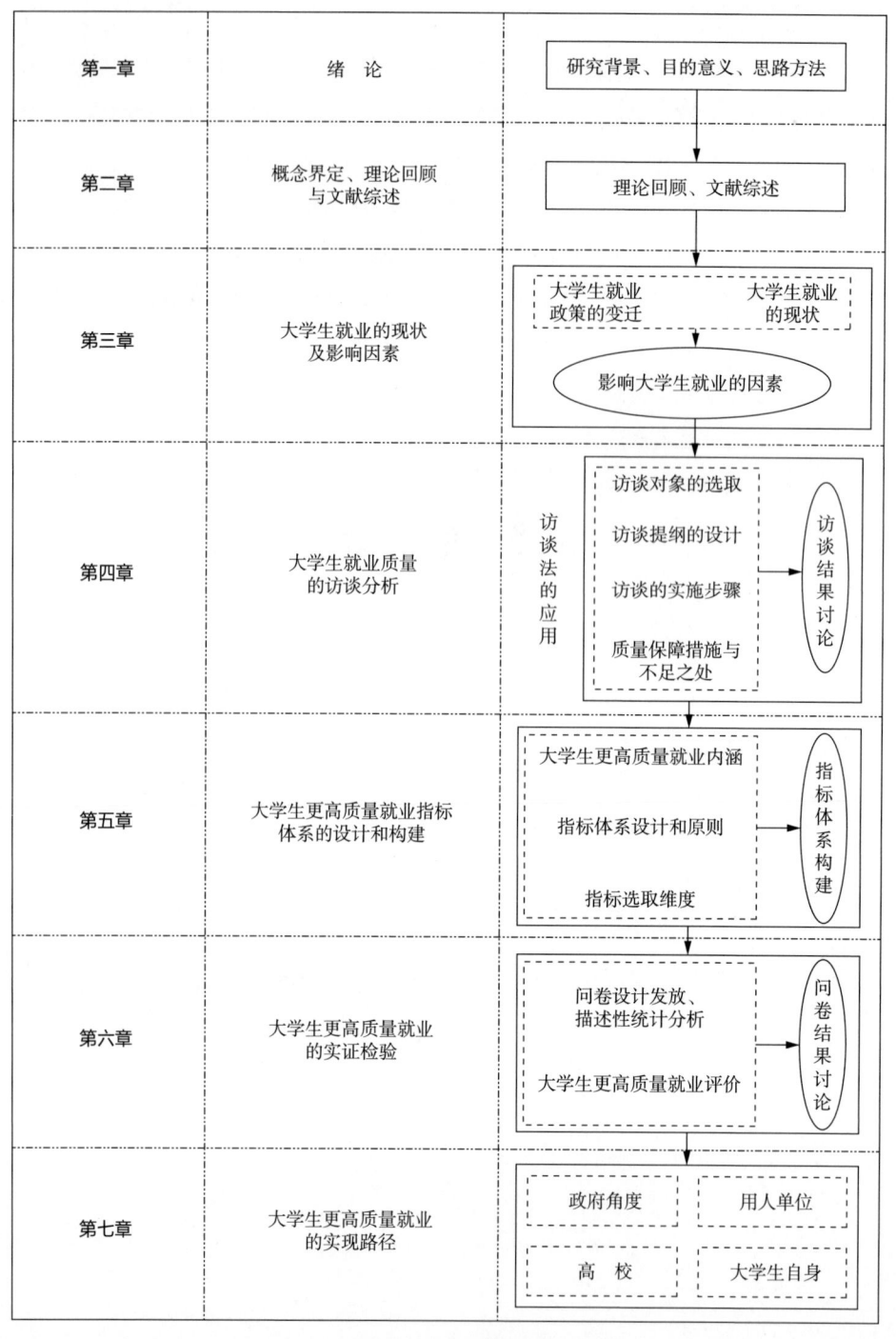

图1-2　本书总体框架图

02

第二章

概念界定、理论回顾与文献综述

第一节 ｜ 核心概念界定

一、大学生就业

大学生指在高等教育中在读或已毕业的群体。陈晓强，张彦（2002）在《劳动与就业》一书中认为，个体进入特定的年龄阶段之后，需要通过合法的渠道参与社会劳动，借助自己的劳动能力和一定的生产资料，为社会创造价值和财富，以获取经济收入的活动，这就是就业❶。童星等（1999）在《劳动社会学》一书中提出，就业必须具备三个基本条件，首先是参与社会劳动；其次是受到社会承认，从事对社会有用的合法活动；最后是应该收获一定的经济收入❷。

大学生就业是毕业前通过签订三方协议达成就业，用人单位也会通过签订劳动合同的方式为其提供就业。大学生就业从概念界定上，与其他劳动者就业本质上没有明显区别，都是通过劳动创造价值再获取报酬。大学生是接受高等教育的年轻人才，为促进大学生就业，在毕业前几年政府给予一定的政策优惠，相对于人口的绝对数量来说，大学生依然是社会的少数群体，因此，大学生就业有自身特点和特殊性。

二、就业质量

就业质量这一概念最早是在20世纪70年代提出，并于20世纪末引入我国，国内外学者们从多角度对这一概念的内涵进行了分析。20世纪70年代，国际劳工组织（ILO）首次提出了"核心劳工标准"，希望从四个方面保障国际劳动者的权利，并进一步提出"体面劳动"的概念，认为"体面的、高质量的就业应该是自由的和非强迫的、机会平等的、安全的、有尊严的工作"❸。欧盟委员会和欧洲基金会则明确提出"工作质量"的概念，通过工作质量四个维度来衡量就业质量❹。国内学者大多数学者

---

❶ 陈晓强,张彦.劳动与就业[M].北京:社会科学文献出版社,2002:5.
❷ 童星,等.劳动社会学[M].南京:南京大学出版社,1999:11.
❸ 张小诗,于浩.高校毕业生高质量就业的基本内涵[J].现代教育管理,2016(7):115–119.
❹ European Foundation. Quality of Work and Employment. European Foundation for the Improvement of Living and Working Conditions, 2002(1):6.

对就业质量的考察主要从个人层面来展开研究，罗莹（2014）从政治和法律的视角将"就业质量"界定为"失业者或求职者在短时间内找到稳定合法的工作岗位的权利"[1]。也有少数学者从国家或地区层面来研究。一些学者从微观和宏观两方面定义就业质量。微观层面的就业质量主要包括工作稳定性、社会保障、工作环境、劳动收入、劳动关系、岗位与专业匹配度等方面（周文霞，2022，赵川，2022）。宏观层面从国家、地区或行业范围来观察，以社会参保率、劳动签约率、平均工资体现宏观就业质量（周文霞，2022）[2]。也有从就业环境、就业机会、工作安全等观察某地区劳动者整体的就业情况（赵川，2022）[3]。

近年来，很多国际组织对就业质量概念层次问题上达成了共识，主张从个人层次上进行研究。2013年，中国就业促进会与国际劳工组织北京局合作研究发布了《"中国就业质量评估指标体系研究"报告》，此报告就是从个人层次上来衡量就业质量的，报告指出就业质量包含了就业公平与劳动报酬、就业环境等五个核心要点[4]。总的来说，就业质量不是一个单一的概念，是多维度的。

国外学者们从各种角度对大学生的就业质量进行了定义，既包括了大学生的主观心态，如满意度、需求满足等层面，也包括了客观的就业状况。例如，有学者从与工作相关的要素的满意度方面来下定义，将就业质量看作是个人对就业机会可得性、工作稳定性、个人发展等的满意程度，是一个综合概念（Davoine，2008）[5]；或从需求满足角度，认为就业质量从整体的劳动过程上考察了人们的基本需要是否得到满足（Burchell，2014）[6]；Amare（2012）认为，对于大学生而言，就业质量从整体上反映了大学生的就业状况如就业的结构、层次、动向、性质和优劣等，也是社会发展状况

---

[1] 罗莹. 当代大学生就业能力与就业质量的关系研究[J]. 中国青年研究, 2014(9): 85-88, 92.

[2] 周文霞, 李硕钰, 冯悦. 大学生就业的研究现状及大学生就业困境[J]. 中国大学生就业, 2022(7): 3-8. DOI:10.20017/j.cnki.1009-0576.2022.07.001.

[3] 赵川, 邓艾. 大学生就业质量测度与评价的因子分析模型及其应用[J]. 中国大学生就业, 2022(4): 23-30.

[4] 张萌. 职业价值观对大学生就业质量的影响[D]. 上海: 华东师范大学博士论文, 2020.

[5] Davoine L, Erhel C. Monitoring Employment Quality in Europe: European Employment Strategy Indicators and Beyond[J]. Université Paris1 Panthéon-Sorbonne (Post-Print and Working Papers), 2008, 147(2-3): 163-198.

[6] Burchell B, Sehnbruch K, Piasna A, et al. The quality of employment and decent work: definitions, methodologies, and ongoing debates[J]. Cambridge Journal of Economics, 2014, 38(2): 67.

的体现，是从客观角度界定的[1]；Goedhuys（2002）结合主客观两个角度将大学生的就业质量定义为大学生所获得的工作优劣及工作固有的特征满足大学生要求的程度[2]。

关于大学生就业质量的内涵研究中，柯羽（2007）通过对高等教育发展研究指出，大学生就业质量是大学毕业生满足社会发展需求的总和[3]。陈曦（2011）认为大学生就业质量是指大学生通过自己的个人能力和社会资本争取到工作的满意程度[4]。郑东亮等（2013）将就业质量理解为就业者的主观感受或区域内人力资源的配置效率，并指出这种配置效率越高，则说明就业质量水平处于一种同步较高的水平[5]。陈成文、周静雅（2014）提出大学毕业生的就业质量较高的水平是指劳资双方的满意率高，达到"人职匹配"与"人职和谐"的状态，同时岗位的行业与地域分布相对合理与均衡，不会出现人力资源浪费与失衡[6]。

综上所述，就业质量这一概念的内涵随着研究的深入和社会的发展正在逐渐丰富，众多学者也对大学生群体的就业质量开展了大量研究，总的来说，对于就业质量既有物质层面的衡量维度，也有精神层面的衡量维度；对于大学生就业质量的研究则主要从大学生个体出发，以满意度为主要衡量指标进行阐释。

三、更高质量就业

就业质量是一个相对中性的词汇，在实际研究中就业质量有高低之分，Schroeder（2007）把个体对劳动满意度与所获得的薪酬同时纳入就业质量的考量范围，并在此基础上提出"高质量就业"的概念[7]。Schroeder.F.K解释高质量就业是劳动者在工作岗位上，不仅能够获得生活所需的报酬，还能获得由工作产生的挑战性和满足感[8]。李悦（2020）对高质量就业的内涵从三个方面来解读：就业达到国家标准、适应经济社会的客观需要、满足劳动者收入和精神等方面的需要。同时，他认为高质

---

[1] Amare M, Hohfeld L, Jitsuchon S, et al. Rural rban Migration and Employment Quality: A Case Study From Thailand[J]. SSRN Electronic Journal, 2012, 29(1):57-79.

[2] Goedhuys M. Employment Creation and Employment Quality in African Manufacturing Firms[J]. ILO Working Papers, 2002.

[3] 柯羽.高校毕业生就业质量评价指标体系的构建[J].中国高教研究,2007(7):82-93.

[4] 陈曦.大学生初次就业质量评价及影响因素研究[D].武汉:华中农业大学,2011:32-36.

[5] 郑东亮,等.就业质量要与经济发展水平相适应[N].中国劳动保障报,2013-01-19.

[6] 陈成文,周静雅.论高质量就业的评价指标体系[J].山东社会科学,2014(8):37-43.

[7] Schroeder, F. K, Work Place issues and placement: what is high qualityemployment[J].Work,2007(4):356-357.

[8] 范婧.国内外就业质量进展及评述[J].人力资源管理,2014(5):293-294.

量就业是一个动态变化的概念，会随着时间的推移，对象的变化，经济发展和技术提升而不断发展和丰富[1]。

党的十八大报告和党的十九大报告中提出就业优先战略和积极的就业政策，要实现更高质量就业。学者们对更高质量就业的概念解读主要表现为以下几点：①更平等的机会。充分的就业机会，公平的就业环境，更平等的机会和权利（信长星，2012）[2]。②更稳定的岗位和保护。良好的就业能力，合理的就业结构。③更和谐的劳动关系和氛围。④更体面的收入和保障（王阳，2018）[3]。

综上所述，就业质量是个中性词汇，高质量就业认为就业质量是有高低之分，更高质量就业是在党的十八大报告提出后受到学者的关注，更高质量就业有其"更好"的就业之意。

第二节 | 就业质量的评价体系

一、就业质量指标的选取视角

随着就业质量一词被提出，国内外学者对就业质量的影响因素展开了多角度的研究。李军峰（2003）提出就业质量是劳动者在就业过程中整体情况的反应，它包括工作场所、工资收入、未来发展、工作稳定性等众多维度，要从多方面来考察就业质量[4]。Kalleburg 和 Vaisey(2005) 提出，雇员的就业满意度情况是影响就业质量的重要因素，并可通过就业满意度来衡量就业质量[5]；Clark（2005）指出工作的保障性和雇员对工作的感兴趣程度是衡量就业质量的重要维度[6]；Davoine 和 Erhel（2006）对以往研究成果的梳理中发现，就业质量的基本维度包括薪酬公平、技能培训、性别平等、

---

[1] 李悦. 职业教育高质量就业的现实意蕴、基本样态与实现路径 [J]. 教育与职业，2020(13)：104–107.

[2] 信长星. 努力推动实现更高质量的就业 [J]. 中国人口科学，2012(12):3–5.

[3] 王阳. 北京市实现更高质量就业水平评价及就业政策再完善 [J]. 经济与管理研究，2018(7)：39–47.

[4] 李军峰. 就业质量的性别比较分析 [J]. 市场与人口分析，2003(6).

[5] A. L. KALLEBURG, S. VAISEY. Pathways to a Good Job: Perceived Work Quality among the Machinists in North America[J]. British Journal of Industrial Relations, 2005(3): 431.

[6] A. E. CLARK. Your Money or Your Life: Changing Job Quality in OECD Countries[J]. British Journal of Industrial Relations, 2005(3): 377.

工作与生活平衡等方面。也就是说，就业质量是综合考量劳动者的就业状况[1]。秦建国（2007）以大学生就业的物质满足和精神满足两个层面划分维度，并通过对不同维度的满意度来考察就业质量[2]。刘新华、杨艳(2013)的研究也是以薪酬、发展机会、就业稳定、工作声望等不同维度的满意度来反映就业质量[3]。王占国（2015）通过研究高校毕业生就业质量的调查数据，发现性别、毕业生所在高校的层次均对大学生就业质量有显著影响，同时，性别对就业质量的影响程度因学校层次的不同而存在差异[4]。

综上所述，对于就业质量的评价体系，众多学者通过研究给出了较多的评价指标，目前来看还难以找出一个确定的标准来作为评价体系的构建依据。不过总体来看，众多评价指标可以分为主观和客观两大部分，部分研究注重从主观满意度方面构建评价体系，部分研究则注重客观条件方面评价指标的选取，也有部分研究两者兼而有之。

二、大学生就业质量评价指标体系

在就业质量评价指标方面，国内学者的研究成果较为丰富。肖瑞雪（2022）在"体面劳动"的概念方面做出贡献并设计了量化指标，最后对其进行概括与分析[5]。张姗姗（2022）详细介绍了国际劳工组织的"体面劳动"、美国的"工作生活质量"和欧盟的"工作质量"的概念、发展及指标，并说明了提升就业质量的重要意义[6]。沈晓强（2022）构建了一整套指标体系来评价中国的就业质量水平，包括四个一级指标与十七个二级指标[7]。吴学亮（2021）设计了一套新的就业质量评价指标体系，采用主成分分析法，对各地区的就业质量进行了应用研究[8]。李源源（2021）从政府就业公

---

[1] L. DAVOINE, C. ERHEL. Monitoring Employment Quality in Europe: European Employment Strategy Indicators and Beyond[J]. Document de Travail, 2006(147): 163.

[2] 秦建国. 大学生就业质量评价体系探析[J]. 改革与战略, 2007(1).

[3] 刘新华,杨艳. 家庭社会资本与大学生差序就业——关于家庭社会资本对大学生就业质量影响的研究[J]. 教育学术月刊, 2013(5).

[4] 王占国. 性别、高等教育分流与大学生就业质量——基于全国17所高校1354名毕业生的实证分析[J]. 高教探索, 2015(12): 107-111.

[5] 肖瑞雪,王明贤. 基于Citespace文献计量法的大学生就业问题知识图谱分析[J]. 创新创业理论研究与实践, 2022,5(3): 160-162,169.

[6] 张姗姗,王尧骏. 心理资本对大学生就业质量的影响[J]. 校园心理, 2022,20(1): 22-26.

[7] 沈晓强. 大学生就业质量影响因素及就业质量标准研究[J]. 大众标准化, 2022(2): 40-42.

[8] 吴学亮. 大学生高质量就业中政府作用研究[J]. 中国报业, 2021(24): 78-81.

共服务视角出发，构建了六个一级指标和二十二个二级指标的就业质量指标体系，使用熵值法计算指标权重，对中国各地区的就业质量及区域差异进行计算分析[1]。赵明（2021）认为只有对就业情况进行监测评价，才能为促进就业质量提高、就业充分度提升提供数据支持，只有构建出科学合理且具有高度可行性的测算评价标准，才能让就业政策有的放矢。赵明认为，就业评价体系需要包含就业质量以及充分就业两项一级指标。其中，就业质量通过就业报酬、就业能力以及就业保护三个二级指标进行衡量，每个二级指标对应二到六项具体指标。二级指标就业报酬所占权重最大，三级指标人均受教育年限所占权重最大。赵明将充分就业细化为就业机会、就业结构以及就业市场三个二级指标。二级指标就业结构所占权重最大，三级指标非农就业比重、城镇就业比重所占权重最大[2]。测算结果显示：中国就业质量处于螺旋上升之中；中国充分就业表现较好，基本实现了充分就业[3]。杨桂兰（2021）使用统计年鉴的数据，构建了一个就业质量评价体系。这一评价体系涵盖就业环境、就业能力、就业状况、劳动者报酬、社会保护、劳动关系六个一级指标，这六个一级指标细化为二十个二级指标和五十个三级指标，杨桂兰通过这一就业评价体系，测算得出了全国各省级行政区就业质量的得分，并对测算结果进行分析[4]。赖德胜（2011）分析结果发现，2007年和2008年除了部分经济发展势头良好的省级行政区就业质量表现较好，大部分省级行政区就业质量得分较低。整体来看，中国就业质量还有很大的进步空间，并且区域间就业质量差异显著。中国经济的持续发展在缩小区域间就业质量的差距方面发挥着积极作用[5]。韩晶、陈曦（2020）基于中国大陆三十个省市的面板数据，从劳动报酬、就业环境、就业能力三个层面构建了就业质量指标体系，并将每一个层面细化为了六项衡量指标[6]。毛晶晶（2020）从劳动报酬、就业能力、就业环境三个方面衡量就业质量，并将就业质量衡量标准进一步细化为十八项子指标。其独到之处在于将空气质

---

[1] 李源源."双创"背景下提升大学生就业质量的思索[J].就业与保障,2021(23):85-87.
[2] 葛瑞卿.省级面板数据下FDI对就业质量影响研究[D].济南:山东财经大学,2021.
[3] 赵明.社会资本对贫困大学生的就业影响研究——基于江苏省8所院校调查结果的分析[J].江苏高教,2021(12):123-127.
[4] 杨桂兰,施长君,李日强.降低大学生就业成本提升就业质量的逻辑理路与实践对策[J].黑龙江教育（高教研究与评估）,2021(11):16-19.
[5] 赖德胜,苏丽锋,孟大虎,等.中国各地区就业质量测算与评价[J].经济理论与经济管理,2011(11):88-99.
[6] 韩晶,陈曦.就业质量差异性视角下区域创新效率研究[J].工业技术经济,2020,39(6):3-12.

量达标天数纳入子指标之中[1]。

在就业质量的指标内涵方面，Aerden（2016）认为就业质量主要涵盖以下几个方面，包括资源运行情况、资源配置效率等[2]。Farné（2015）认为，就业质量主要包括从业者的薪资福利、工作效率等方面。他开始把就业者的个人待遇及感受纳入到研究范围，相较于先前的研究更具真实性与代表性。后来，就业质量相关研究得到进一步发展，有学者开始对就业质量进行指标的量化分析，改善了以往研究仅仅局限于概念的不足，开始用于应用研究，这是就业质量研究发展过程中的重大进步[3]。Bileviciene（2010）构建了工作满意度指标，该指标将特征与评估相结合，特征在这里指的是对工作质量有贡献的客观工作特征，评估则是指就业者对其相关贡献的评估。Employment（2015）认为在世界各地衡量工作质量的方法中，可以通过工作满意度来评价就业质量，它的优势在于考虑到偏好的异质性[4]。Baldridge（2017）构建了四个维度的指标体系，主要包括薪资待遇、工作前景、工作内在质量与工作时间质量，他通过该指标体系对意大利、丹麦、法国、土耳其等33个国家的就业质量进行了测算分析[5]。

就业质量的量化评价体系应当有统一的衡量标准，评价指标要素和就业质量评分表（刘素华，2005）[6]。大学生就业质量评价指标分成三个维度：就业前的主客观指标包括就业能力、就业制度、就业服务；就业岗位指标包括工作条件、工作环境、报酬等；就业满意度包括工作稳定性、劳动关系、职业发展等（李斌，2009）[7]。也有从微观层面划分，从就业岗位、薪酬、劳动保障与职业发展空间维度，再细化为职业成

---

[1] 毛晶晶,路琳,史清华.上海农民工就业质量影响因素研究——基于代际差异视角[J].中国软科学，2020(12):10.

[2] Aerden K V, Puig-Barrachina V, Bosmans K, et al. How does employment quality relate to health and job satisfaction in Europe? A typological approach[J]. Social ence & Medicine, 2016: 158.

[3] S Farné , Vergara C A. Economic growth, labour flexibilization and employment quality in Colombia, 2002 - 11[J]. International Labour Review, 2015, 154(2):253–269.

[4] Employment F, Market F L, Underemployment F, et al. Fiji: Creating Quality Jobs – Employment Diagnostic Study, 2015.

[5] Baldridge D, Konrad A M, Moore M E, et al. Childhood onset disability, strong ties and employment quality[J]. Equality, Diversity and Inclusion: An International Journal, 2017, 36(1).

[6] 刘素华.建立我国就业质量量化评价体系的步骤与方法[J].人口与经济，2005(6):36–40.

[7] 李斌.试谈基于就业满意度的大学毕业生就业质量评价体系[J].燕山大学学报（哲学社会科学版），2009(3):10.

就、人职匹配、职业满意度等指标（苏丽锋，2013）[1]。

从理论上对就业质量的指标选取，从经济人理性选择行为，就业理论为基础认为价值观对大学生就业质量有重要影响，从就业成本和收益两方面选取具体指标（潘文庆，2014）[2]；选取知识、能力和素质作为主要因素，基于模糊数学理论对单位满意度、个人就业准备情况等所选指标进行优化，这样的评级方式可操作性更强（刘永平，2018）[3]；也有单纯把满意度作为就业质量评价体系的基础，细分为毕业生、社会评价及雇主三部分的满意度（齐鹏，2019）[4]。

从内外部环境构建就业质量评价体系。方焕新(2011)构建了大学毕业生就业质量评价指标体系，包括就业率、就业单位、个人发展、薪酬福利水平、劳动关系、社会认可度等6个指标[5]。王晓晶（2015）通过构建大学毕业生就业质量评价指标体系，确定了影响就业质量的聘用条件、发展空间、劳动关系、法律保障四个指标，并通过层次分析法将每个指标赋予权重[6]。

综上所述，众多学者对于大学生就业质量的评价体系研究，主要集中于大学生个体对于薪酬、工作环境、发展期望等方面的满意度，同时也有部分学者研究了毕业学校的层次和性别对大学生就业质量的影响。

三、更高质量就业评价指标体系

更高质量就业指标体系研究是在明确更高质量就业内涵的基础上开展的。刘燕斌（2021）认为更高质量就业是在充分就业的基础上对劳动者享有的各项权益提出的更高要求，包括劳动报酬、社会保障、工作条件、就业环境、权益维护[7]。中国就业促进会（2021）认为要实现更高质量就业，首先要解决当前影响就业质量的问题，同时要与社会经济的高质量发展和科技的进步相适应，才能使劳动者的就业质量得到提高，

---

[1] 苏丽锋.我国新时期个人就业质量研究——基于调查数据的比较分析[J].经济学家,2013(7):41-51.
[2] 潘文庆.就业价值观对大学生就业质量的影响研究[J].广东社会科学,2014(4):40-46.
[3] 刘永平.基于模糊数学理论的就业质量评价体系研究[J].北京工业大学学报(社会科学版),2018(6):88-96.
[4] 齐鹏,程晓丹.高校毕业生就业质量评价体系研究[J].江苏高教,2019(3):86-89.
[5] 方焕新.构建大学毕业生就业质量评价体系[J].人力资源开发管理,2011(7).
[6] 王晓晶.大学毕业生就业质量评价指标体系及影响因素研究[D].石家庄:河北师范大学,2014.
[7] 刘燕斌.实现更加充分更高质量就业——促进就业"十四五"开创新局[J].中国人力资源社会保障,2021(2):32-34.

这种提高体现在工作收入、综合素质、工作条件、权益保障[1]。谢珺（2014）提出更高质量就业的内涵，包括人力资本水平、收入水平、就业环境、劳动关系、社会保障和工作条件六个方面[2]。信长星（2012）认为更高质量的就业主要是指充分的就业机会、公平的就业环境、良好的就业能力、合理的就业结构、和谐的劳动关系等[3]。

更高质量就业指标体系研究既涉及国家、社会宏观层面，也涉及企业、劳动者微观层面。中国就业促进会（2021）指出高质量就业应从四个维度进行衡量，分别是工资收入和劳动报酬、职业素质和工作能力、劳动关系与职业安全、就业稳定性与社会保障。王阳、杨宜勇（2021）指出对就业质量水平进行指标评价的目的是为实现更高质量就业，可以从劳动力市场、就业稳定性、工作安全性、就业保护（工作与生活平衡）、工资收入、社会保险及劳动关系七个维度对就业质量水平进行指标评价研究[4]。谭永生（2020）对中国更高质量和更充分就业情况进行研究，构建了相应的测度评价指标体系，首先设置了"就业质量"与"充分就业"两个一级指标，其次在"就业质量"下设置就业能力、就业报酬、就业保护三个二级指标，在"充分就业"下设置就业机会、就业结构、就业市场三个二级指标[5]。任晓雅、汪丽萍（2019）构建出包括六个维度的农民工更高质量就业评价指标体系，分别是工作条件、工作稳定性、就业环境、劳动关系、福利保障、心理感受[6]。王阳（2018）从五个维度出发构建了北京市就业质量水平评价指标体系，分别是劳动力市场、就业稳定性、工作安全性、收入保障性和劳动关系和谐度[7]。

综上所述，就业质量有高低之分，也就有高质量就业的概念，更高质量就业的研究主要从在党的十八大报告里提出后才开始，相关的文献书籍比较少，还缺乏全面系统的分析。

---

[1] 关于实现更加充分更高质量就业的研究报告(摘要)[J]. 中国就业,2021(8):4-6.
[2] 谢珺.更高质量就业的内涵与其面临问题的成因分析[D].上海：上海社会科学院,2014.
[3] 信长星.努力推动实现更高质量的就业[J].中国人口科学,2012(6):2-5.
[4] 王阳,杨宜勇.健全更高质量就业促进机制研究[J].劳动经济评论,2020,13(2):97-116.
[5] 谭永生.中国更高质量和更充分就业的测度评价与实现路径研究[J].宏观经济研究,2020(5):82-90.
[6] 任晓雅,汪丽萍.体面劳动视角下推进农民工实现更高质量就业的对策[J].河北软件职业技术学院学报,2019,21(4):60-63.
[7] 王阳.北京市实现更高质量就业水平评价及就业政策再完善[J].经济与管理研究,2018,39(7):39-47.

第三节 | 本章小结

　　本章对研究的核心概念作出界定，首先界定大学生就业的概念，就业质量这一概念最初来自国际劳工组织的"体面劳动，"其内涵随着研究的深入和社会的发展逐渐丰富，伴随高校的扩招，学者从不同层面研究大学生群体的就业质量。就业质量是一个相对中性的词汇，更高质量就业有其"更好"的就业之意。就业质量指标的选取主要集中于主观满意度和客观条件两方面，众多学者对于大学生就业质量的评价体系研究，主要集中于大学生个体对于薪酬、工作环境、发展期望等方面的满意度，同时也有部分学者研究了毕业学校的层次和性别对大学生就业质量的影响。更高质量就业指标体系研究既涉及国家、社会宏观层面，也涉及企业、劳动者微观层面。

03

第三章

大学生就业的现状及影响因素

第一节 ｜ 大学生就业政策的变迁

一、国家统包统分就业政策（1949—1983年）

中华人民共和国成立初期，人口基数大、经济发展落后、就业压力巨大，经济处于"一穷二白"的起步阶段，为了大力发展经济，我国实行高度集中的计划经济政策。指令性计划占经济运行的主导地位，"统包统分""包当干部"的就业制度应运而生，即大学生由国家严格的指令性计划统一招收、统一公费培养、统一安置和介绍就业。在"统包统分"制度下，国家、政府培养大学生遵循着人才需求计划，以"地方分配为主、中央调剂为辅"的原则，鼓励和引导大学生到祖国最需要的地方去，去建设农村、建设边疆、建设工矿。在计划经济体制下，将大学生进行"标准化""批量化"培养，最终"按需""集中"分配，在很长一段时间内满足了全国工农业建设需要。在政府的直接干预下，大学生根本不需要考虑就业问题，这一时期的大学生属于"精英"培养时期。

计划经济时期，国家、政府出台了一系列的政策和规定保障"统包统分"的就业模式得以运行。1950年颁布的《为有计划地合理地分配全国公私立高等学校今年暑期毕业生工作的通令》[1]，将大学生有计划地统筹分配形成正式文件，标志着"统包统分"政策初步形成。1951年《关于改革学制的决定》明确规定由政府对高校毕业生进行"统一计划、集中使用、重点配备"，标志着高校毕业生就业进入有计划、有系统发展的新阶段。1952年颁布了《关于1952年暑假全国高等学校毕业生统筹分配工作的指示》，明确指出大学生要由政府"在适应国家建设需要的基础上贯彻学用一致的原则"进行安排，自此我国高校毕业生完全由国家进行统一分配。1956年，国务院提出根据国家需要对急需或特需的部门和重点单位或地区给予优先配备。1958年颁布的《关于高等学校和中等技术学校问题的意见》，明确规定大学生毕业分配办法：部属院校大学生由中央统一分配，地方院校大学生由地方政府分配。至此，大学生就

---

[1] 郑志宏,孔洁珺.中国高校就业工作四个主体领域的发展历程与趋势论析[J].黑龙江高教研究,2017(1):133-137.

业初步形成由国家负责、按计划分配的就业制度。1960年在《关于1960年至1962年高等学校理工科毕业生分配问题的报告》中明确规定了大学生就业抽成分配的办法和比例，这一分配办法延续到1965年，仅在各年抽成、留成比例上做了细微调整。1966年开始号召广大知识青年"上山下乡"，积极参加运动，毕业生分配程序被迫中断。1968年提出了"毕业生要坚持面向农村、面向边疆、面向厂矿、面向基层与工农兵相结合的方针"，要求高校毕业生从农民、工人做起，同时有部分毕业生到被安排到解放军农产去锻炼。"到农产去的学生一律实习军事化管理，但非现役军人"，这一时期大量高校毕业生向农村转移，形成了"亦工亦农"的独特就业模式。1970年开始大学招收各省市推荐入学的"工农兵学员"，对这些毕业生采取"从哪来到哪去"的分配原则，一般回到原地区或单位工作，国家只做少量特殊情况的调剂。1977年起，恢复了全国统一的招生考试制度，大学生"统包统分"就业制度也逐步恢复。1981年2月13日，国务院批转了国家计委、教育部、国家人事局《关于改进1981年普通高等学校毕业生分配工作的报告》，规定大学生就业要由国家负责，在国家统一计划下，实行"抽成调剂、分级安排"，将精英化培养的高校毕业生安排到各地急需岗位上。从1949年到1983年，虽然高校毕业生的就业政策经过了几次微调，但计划经济体制时期由国家"统包统分"的分配方式根本上没有改变。这一时期的就业政策特点是高度集中，毕业生个人要服从国家分配。

1983年，国务院批转了《关于1983年全国毕业研究生和高等学校毕业生分配的报告》，允许用人单位与毕业生直接见面，可以自行查阅毕业生档案，可以不接收学校推荐的毕业生❶，并提出在清华大学、西安交通大学、上海交通大学和原山东海洋学院四所院校按照统一分配计划，在调配工作中进行了"供需见面"试点。1984年拟在总结经验的基础上继续试行❷，对就业供需双方自主选择开始了初步探索。

二、"供需见面、双向选择"就业政策（1983—1999年）

改革开放以后，国家提出要"以经济建设为中心"，我国逐渐从计划经济体制向市场经济体制过渡，政府在高校毕业生就业分配方面由直接行政干预转向宏观调控，

---

❶ 唐菡悄.改革开放以来高等教育与就业关系的变迁研究[D].芜湖:安徽师范大学,2021.
❷ 北京市人民政府转发《国务院批转国家计委等部门关于一九八三年全国毕业研究生和高等学校毕业生分配问题报告的通知》的通知[EB/OL]. http://www.beijing.gov.cn/zhengce/zfwj/zfwj/szfwj/201905/t20190523_70889.html.

开始发挥市场调节的作用。社会转型双轨制时期，经济基础发生了变化，原有的"统包统分"就业制度越来越不能适应时代发展，大学毕业生不再满足于被"分配"，"供需见面、双向选择"的就业政策开始登上历史舞台。

1985年5月27日，经过充分调研，中央颁布了《中共中央关于教育体制改革的决定》，明确提出"国家招生计划内学生的毕业分配，实行在国家计划指导下，由本人选报志愿、学校推荐、用人单位择优录用的制度"。这项决策可以说是对以往毕业生分配制度的突破，为毕业生就业制度的改革奠定了基础，标志着计划经济时期的"统包统分"就业政策彻底结束。"双向选择"以文件的形式正式确立下来，随后，从政策导向到市场导向的大学生就业制度改革正式拉开帷幕，1986年《高等学校毕业生分配制度改革方案》中，赋予了学校自主分配的权力，1989年《高等学校毕业生分配制度改革方案》提出大学生就业分配制度改革的目标是"逐步实现毕业生自主择业，用人单位择优录用的'双向选择'制度"[1]。

随着社会主义市场经济体制的确立，高校毕业生的就业制度也随之发生改革，1993年3月颁布的《中国教育改革和发展纲要》指出，为更好地服务社会主义现代化建设，大学生可以同劳动力市场进行"自主择业"，标志着"双向选择、自主择业"的就业制度改革全面实施。1994年在《关于进一步改革普通高等学校招生和毕业生就业制度改革的意见》提出大学生就业实行"供需见面"和在一定范围内"双向选择"的意见[2]；在《关于1995年进行普通高等学校招生和毕业生就业制度改革的意见》中提出在各方面条件成熟后要逐步过渡到大多数大学生自主择业；1996年颁布了《国家不包分配大专以上毕业生择业暂行办法》；1997年《普通高等学校毕业生就业工作暂行规定》提出用人单位和高校毕业生供需见面和双向选择活动是落实就业的重要方式[3]，一系列文件的颁布，进一步明确了高校毕业生的就业是一定范围内有限度的双向选择。1998年，首批"双轨"改革后的高校毕业生走向社会，绝大多数毕业生实现了自主择业，少数定向生、民族生在国家规定范围内择业。

三、自主择业的就业政策（1999—2019年）

随着市场经济的不断深化，为了满足经济发展中的人才需求，我国高校开始大规

---

[1] 鄂义强.中国大学生就业中政府责任研究[D].长春：东北师范大学,2020.
[2] 李颖.新时代大学生就业观研究[D].保定：河北大学,2021.
[3] 康宁.中国高等教育资源配置转型程度的趋势研究[M].南京：南京大学出版社,2020(1).

模"扩招",高等教育由"精英化"向"大众化"过渡,2000年全国高校毕业生94.98万人,2010年全国大学生毕业人数631万,是2000年的6.6倍;到2020年,毕业人数达到874万,为2000年的9.2倍,待业人数近400万;到2021年,毕业生人数909万,受新冠肺炎疫情影响,就业率仅为34%,大学生毕业人数和待业人数屡创新高。大量的高校毕业生不断涌入社会,就业形势越来越严峻,大学生就业难问题开始引发全社会的关注。国家制定和实施了一些了以促进大学生就业为核心的积极的就业政策。

2000年,教育部停止使用计划经济时代一直沿用的大学生就业派遣证,启用就业报到证,至此,计划经济体制下"统包统分"就业制度彻底终结。2008年国家颁布了《就业促进法》,标志着就业工作走上法制化道路,为切实解决大学生就业问题提供了坚实的法律保障。而面对越来越严峻的就业形势,促进大学生就业、为大学生就业搭建更为广阔的发展平台,成为经济社会发展中的重要问题,国家积极从实际出发,制定出台促进大学生就业的系列政策,不断探索大学就业的多种途径,概括起来主要是以下三个方面:

第一,鼓励和引导高校毕业生到基层就业❶。党中央、国务院从党和国家事业发展全局着眼,大力实施面向基层就业项目,鼓励和引导高校毕业生到西部、到农村、到基层、到祖国和人民最需要的地方去建功立业,对到农村基层和城市社区工作的大学生给予工资或生活补贴、对相应学费和助学贷款进行代偿等。2003年起,国家开始实施"大学生志愿服务西部计划",通过在高校招收一批毕业生,到我国西部基层开展为期1—3年的志愿服务,涉及教育、卫生、农技、扶贫等领域,同时鼓励志愿者服务期满后扎根当地就业创业,从而助力我国西部地区脱贫攻坚。2006年,国家开始实施高校毕业生"三支一扶"计划,即每年招募2万名高校毕业生,到基层乡镇从事2—3年支教、支农、支医和扶贫工作,助力我国新时期社会主义新农村建设❷。同年,国家又组织实施"农村义务教育阶段学校教师特设岗位计划",公开招聘高校毕业生到西部地区"两基"攻坚县的农村学校任教,逐步解决西部农村学校师资总量不足以及结构不合理等问题,促进我国城乡教育均衡发展。2004年在10个省区市启动了试点选派大学生到村任职工作,到2008年在全国全面启动大学生"村官"计划,即每年选聘2万名大学生,到村(社区)担任2—3年党支部书记、村委会主任助理或

---

❶ 杨秀英. 地方高校大学生基层就业政策执行研究 [D]. 成都:四川师范大学,2021.
❷ 胡鑫. 乡村振兴战略人才支撑体系建设研究 [D]. 长春:吉林大学,2021.

其他村"两委"职务，助力我国农村基层党组织的凝聚力、战斗力和创造力提升。2010年，国家开始实施应届毕业生应征入伍制度，从应届高校毕业生中征收义务兵，助力我国国防和军队现代化建设。

第二，鼓励高校毕业生到中小企业和非公有制企业就业。市场经济发展过程中，中小企业和非公有制企业在吸纳劳动力就业方面有着巨大的潜力，尤其在高新技术产业化与市场化方面具有旺盛的生命力，是促进就业、改善民生的重要渠道。国家通过在户档流动、人事代理、社会保险办理和接续、职称评定等方面出台相关保障政策，鼓励大学生到中小企业和非公有制企业的舞台上施展青春才华。

第三，鼓励和支持高校毕业生自主创业。面对前所未有的就业难现状，鼓励高校毕业生开展自主创业是社会发展的内在需求，也是改善就业结构、缓解就业压力的重要途径。2003年颁布的《关于做好2003年普通高等学校毕业生就业工作的通知》中明确提出鼓励大学生转变就业观念，选择自主创业来实现自我价值。为激发大学生创新创业热情，国家将就业政策调整为"以创新创业为主导，支持高校毕业生自主创业和灵活就业"。为了弥补高校毕业生缺乏创业经验的不足，国家鼓励高校积极开展创业教育和实践活动，建设完善一批大学生创业园和创业孵化基地[1]，优化创业环境；对有创业意愿的大学生提供创业培训，并给予培训补贴；对准备开展创业实践的大学生给予创业指导，并提供"一站式"服务；对已经从事创业活动的大学生给予扶持政策，凡是经营符合条件的要给予最基本的经济支持。

四、新冠肺炎疫情背景下的就业政策（2019年至今）

2019年底新冠肺炎疫情来袭，2020年初，新型冠状病毒肺炎疫情在全国范围暴发，"封城"、停工停产使中国的发展被按下了暂停键，教育、医疗、就业等方方面面都受到不同程度的影响。

在全国上下齐心协力抗击疫情的背景下，党中央、国务院高度重视和关心高校毕业生就业，作出了一系列重要指示，要求多措并举做好高校毕业生等群体就业工作；在2020年5月全国两会中提出把"就业"放到了"六稳"之首的位置，据统计，2020年全国普通高校毕业生874万人，毕业生数量创历年来新高，受新冠肺炎疫情影响，短期内劳动力市场需求相应减少，如何解决高校毕业生就业难问题成为就业工作

---

[1] 黎浩敏.专创融合视角下高职院校创新创业教育质量评价研究[D].广州:广东技术师范大学,2020.

的重中之重，为此国家在拓展就业升学渠道、完善网上就业服务政策、就业管理服务等方面发力，保证高校毕业生精准就业，解决就业难问题。

第一，拓展就业升学渠道。"西部计划""三支一扶""特岗计划""大学生村官"等鼓励高校毕业生到基层就业的政策经过多年实践锤炼，取得了有目共睹的成绩，在抗"疫"背景下，国家鼓励、引导更多的毕业生下沉到基层、中西部地区、艰苦边远地区建功立业、施展才能。同时，面向应届毕业生进行精准宣传和重点征集，大力鼓励高校毕业生应征入伍；鼓励高校毕业生到偏远地区需要教师的中小学和幼儿园任教，落实公费师范生全部入编入岗政策；给予大学生创业政策支持，鼓励他们到现代农业、社会公共服务等领域就业。

总书记曾提到，发展是第一要务，人才是第一资源。就业升学渠道的拓宽主要通过两方面，一是扩大普通院校专升本规模。将招生方向由职业教育和应用型教育转向发展潜力较大的学科专业，如计算机类、生物医学工程类、电子信息类、养老服务管理类、高级护理类、预防医学类等专业。二是扩大硕士研究生招生规模。硕士研究生招生政策要对教育资源薄弱的中西部地区和东北地区有所优惠，同时招生方向要满足民生急需、符合国家战略要求，向人工智能、公共卫生与预防医学、新材料、先进制造等相关学科倾斜。第一学历毕业后的继续深造，一定程度上暂时缓解了就业压力。

第二，网上就业服务政策。新冠肺炎疫情的突然暴发，导致线下招聘不得不暂时停止，但是新一届高校毕业生的就业工作不能耽误，2020年印发的《关于做好疫情防控期间有关就业工作的通知》，提出通过组织网上就业大市场、优化网上就业服务等具体举措完善高校毕业生就业服务政策，确保"线上招聘不停歇，就业服务不打烊"，确保高校毕业生网络招聘工作的顺利开展。

一是组织网上就业大市场。由教育部主办的"2020届高校毕业生全国网络联合招聘——24365（24小时365天）校园招聘服务"活动，充分利用政府、市场、院校三级连通的就业网络体系以及社会招聘网站[1]。网上就业大市场活动是继2011年举办的高校毕业生网上招聘活动后的又一创举，规模更大、范围更广、影响力更强、持续时间更长，各地各高校为用人单位和毕业生之间搭建网上沟通平台，鼓励高校毕业生积极择业、主动就业，尽可能消除疫情带来的影响。

二是优化网上就业服务。各地各高校与人力资源社会保障部门密切合作，共同建

---

[1] 马靓璠.多元主义视野下高校"云就业"的综合建设路径[J].大学：研究与管理，2022(19)：50-54.

设"互联网+就业"智慧平台，一方面，实现网上招聘信息共享，通过尝试人岗信息智能匹配，实现精准推送。另一方面，完善网上业务办理，如开展网上面试、网上签约，协同各方共同做好相关就业信息服务。

第三，就业管理服务政策。在抗"疫"这一特殊背景下，国家有针对性地提出相应就业管理服务政策，例如，加强思想教育和就业心理辅导、强化重点地区和重点群体就业帮扶等。一方面，高校要及时全面地掌握毕业生的思想动态与心理状态，鼓励"一人一策"的个性化指导，有条件的地方及高校可以开展就业心理咨询，以舒缓毕业生就业压力，给予精神上的支持。另一方面，加强对特殊群体的关怀与帮助，加大基层项目、升学深造、企业招聘等在重点地区的招募计划，同时协调用人单位适当延长招聘时间、推迟体检时间、推迟签约录取等，与时俱进优化就业管理服务。2020年，教育部印发通知首次提出适当延长毕业生择业时间。对离校时未落实工作单位的高校毕业生，可按规定将户口、档案在学校保留两年。这一举措切实保障了应届毕业生的相应权益，为该届毕业生以应届毕业生身份就业争取了更长的时间，是就业管理服务更贴近实际、更得民心的表现。与此同时，通知还强调，各地各高校要坚决反对任何形式的就业歧视，如拒绝招聘疫情严重地区的大学毕业生，限制性别、院校、培养方式等；严格遵守就业签约工作"四不准"要求，确保就业数据的真实性，杜绝数据就业[1]。

通过分析我国就业政策的演进过程，可见每个阶段的就业政策都有鲜明的时代特征。当前，我国正处于经济社会发展的历史转型期，既有经济发展方式和经济结构、产业结构的转变调整，又有后疫情时期国内外经济增长放缓带来的疫情冲击，加之高校扩招下毕业生、待业人数屡创新高的压力，如何解决好高校毕业生的就业问题，成为我国相当长时间内的一个重大课题。

第二节 | 大学生就业的现状

一、大学生就业市场供需分析

大学生就业的实现必然受到毕业生规模和所能提供的岗位总量的影响，2003年迎

---

[1] 周倩. 新世纪以来我国大学生就业问题研究[D]. 济南：齐鲁工业大学，2020.

来1999年扩招后的第一届毕业生，从此开始连年扩招，10年后的2013年曾被媒体喻为"史上最难就业季"，有学者提出可能以后每年都会是最难就业季。从图3-1可见，1978—2003年，大学生毕业人数小幅增加，大学毕业生的总体规模没有很大的变化。2003年，高校实行扩招政策后的第一届大学生毕业，自此以后大学生毕业人数快速增加，随之而来的就业压力陡增。换句话说，劳动力市场中大学生的总量在持续增加，就业市场并未因扩招而出现相应的改变，2020年突如其来的疫情，致使企业往往以减少招聘岗位来降低成本，可以说，新冠肺炎疫情暴发后大学毕业生面临的就业压力更大。从统计数据看，大学生毕业人数连年攀升，而疫情影响下的就业岗位并未明显增加，可以从劳动力市场的供需模型分析供给和需求的变化。

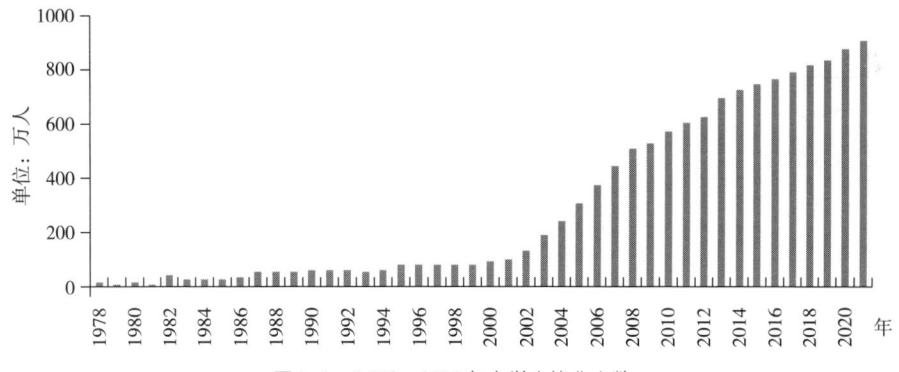

图3-1　1978—2021年大学生毕业人数

从劳动力市场供需两侧可以勾勒出毕业生初次就业的严峻形势。从大学生就业需求侧来看，根据BOSS直聘发布的《2020应届生春招趋势报告》数据显示，企业对应届生的招聘需求规模仅2020年第一季度就下降了22%。新冠肺炎疫情的持续，导致国内各行各业遭受巨大损失，承受着巨大的经营压力，不定期的停工停产，不断推迟的复工复产，导致企业为了确保在职员工的现有权益，运转成本增加、营业利润降低，必然会减少对新劳动力的需求。其次，随着新冠肺炎疫情在全球范围蔓延，加上中美贸易摩擦，出口贸易受到严重影响，特别是一大批中小微型企业遭受了严重冲击，部分企业被迫退出市场。企业受损直接影响到原本可提供就业的岗位随之消失，必然会对劳动力需求产生冲击，用人单位的岗位需求大幅减少，大学生就业市场需求严重低于供给，大学生面临的就业形势十分严峻。

从就业市场来看，服务业和劳动密集型的制造业每年可以吸纳大量大学生就业，而这两大行业受新冠肺炎疫情影响也较大,过去大量吸引大学生就业的行业工作岗位数量缩减。

从大学生就业供给侧来看,随着高校招生规模日益扩大,毕业生人数逐年增加,高校毕业生就业压力持续增强。2019年李克强总理在《政府工作报告》中指出,我国当前和今后一个时期,就业问题主要体现在"就业总量压力不减"和"结构性矛盾凸显"❶。2021年,我国高校毕业生人数达到909万人,大量的高校毕业生涌入劳动力市场,导致大学生就业市场供给总量过剩。2020—2021年,高校毕业生求职就业的窗口期受疫情的影响被迫压缩,求职通道在新冠肺炎疫情暴发初期基本处于封闭状态,积攒的供给压力不断增加,可以说,大学生就业的难度明显提升。

因此,从供给和需求两方面来看,一方面是就业岗位的减少,另一面是需要就业的人数日益庞大,大学生面临的就业形势相对严峻。从劳动力市场的供求关系来分析,劳动力供给增加和劳动力需求减少相互叠加,劳动力市场中的均衡工资和就业数量将会发生变化。

利用经济学中的劳动力市场供给和需求来分析大学生就业市场的变化,从图3-2左右两张图中,用供需理论模型来解读供需平衡点的位置变化,观察大学生就业所面临的情况。图3-2中左图是新冠肺炎疫情前大学生就业供求平衡下的工资(W_1)和就业人数(Q_1),而受新冠肺炎疫情影响企业停招或减少人员招聘,体现为市场对劳动力的需求减少,这时原有的市场均衡被打破,表现为劳动力需求曲线从D_1左移至D_2,也就是劳动力需求减少。同时2021年毕业生人数增加,受新冠肺炎疫情影响国

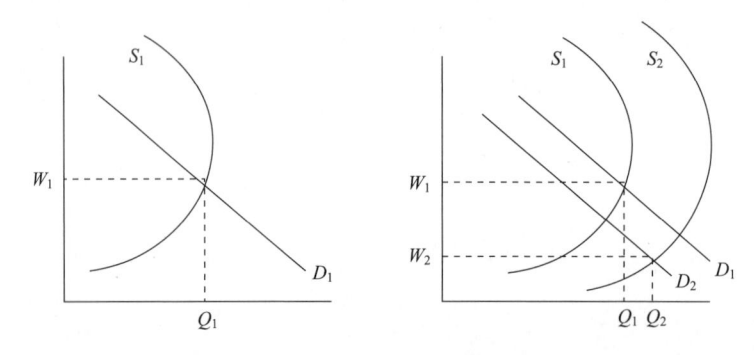

图3-2 劳动力市场供需平衡的变化

---

❶ 武智.新中国职业教育政策变迁研究(1949—2019)[D].扬州:扬州大学,2021.

外留学生也纷纷回国就业，也就是说劳动力市场供给增加，表现为劳动力市场供给曲线从 S_1 右移至 S_2，由此最终形成图3-2中的右图均衡工资（W_2）和就业人数（Q_2）。从上述经济学模型分析可见，劳动力市场中需求减少和供给增加双重作用下，市场的均衡工资由 W_1 下降至 W_2，就业人数从 Q_1 增加至 Q_2。也就是说，原先吸纳大学生就业的岗位缩减后，需要寻找就业岗位的大学生在增加，这样在劳动力市场中的工资水平明显下降，而就业人数并没有显著增加。从上述模型分析中，可以看出当前大学生面临巨大的就业压力。

二、毕业生就业落实情况

据《2021大学生就业力调研报告》统计数据显示，2021年高校毕业生"单位就业"的比例为56.9%，"国内继续学习"的比例为9.5%。如果将单位就业、国内继续学习、出国继续学习以及就业归为"确定去向"的话，毕业生的总体"落实率"为71.4%。与2020年相比，毕业生落实率下降了13个百分点，具体而言，较2020年，2021年毕业生确定就业单位的比例下降了18.9个百分点，"国内继续学习"的比例提高了2.9个百分点，自由职业比例上升了8.1个百分点，慢就业比例提高了6.6个百分点，"出国继续学习"的比例上升了1个百分点，"创业"的比例上升了0.3个百分点。

从学历层次来看，毕业生落实率存在差异。本科生的落实率最高，达到98.5%；其次是专科生，达到97.5%；硕士落实率最低，为97.1%。而数据也显示，在国内继续学习选项中，专科以及本科生比例较高，说明专科生与本科生为自己升学镀金的意向相对较强。

从学校类型来看，双一流大学毕业生在国内/国外继续学习项目中高于普通院校，说明在就业压力比较大的环境中，双一流高校毕业生对继续深造有更高期待，以期通过"厚积薄发"增加未来择业资本。而不论是双一流还是普通本科院校，毕业生都更倾向于单位就业。

从性别差异来看，男性应届毕业生收到录用通知（offer）与签约占比均高于女性应届毕业生，分别高出了8.1个和13.2个百分点。

从就业单位性质来看，2021年42.5%的大学生期待在国有企业工作，24.6%的大学生期待在国家机关和事业单位工作。可以看出后新冠肺炎疫情时期，毕业生求稳心态增强。

从就业地区分布来看，毕业生规模按照东、中、西、东北地区依次降低。东部区域的毕业生规模最大；东北区域的毕业生规模最少。

第三节 | 影响大学生就业的因素

为提升大学生就业率,还需分析就业难背后的深层原因。总体来说,可以从就业制度的变化,新冠肺炎疫情下的工作搜寻方式,高等教育收益的变化,大学生初次就业困惑和个体因素五个方面来分析:

一、就业制度变化的影响

政府的就业政策,是引导毕业生就业的根本指南,公平有序的就业环境为高校毕业生就业提供制度保障。纵观我国不同历史时期的就业政策演进过程,在不同的经济背景下都出台了相对应的就业政策,深刻影响着高校毕业生的就业。20世纪90年代,大学生就业从"统包统分"逐步过渡到"双向选择"。"统包统分"制度使得大学生无论能力高低,均能享受到政府统一分配的待遇,换句话来讲,大学生不分专业,只要学历相同就能享受同等待遇。1985年《关于教育体制改革的决定》和1989年《普通高等学校毕业生分配制度改革方案》的发布,正式开启了毕业生就业改革之路。各地开始尝试举办用人单位和毕业生见面的供需洽谈会、双向选择会,通过供需双方的面对面沟通,确定学生的就业意向,实现了双方的"选择"。然而,该阶段的这种分配方式仍属于计划分配,如果存在大学生自己找不到合适的接收单位的情况,高校仍是负责给其落实工作单位,保障其就业的。由此看来,"双向选择"和"双轨制"并存的这种配置形式是就业配置方式由计划配置向市场配置过渡的必经阶段。随着改革的不断深入,高校的毕业就业派遣证改为了就业报到证,高校毕业生跨省(市)就业限制的取消等举措,使得"自主就业"的大学生就业制度逐步建立和完善了起来。然而,在"自主择业、自主创业"的市场化配置下,大学毕业后将面临就业市场的寻找—匹配—就业等一系列过程。大学生有了更多的选择机会,但阅历尚浅、社会资源有限,初入职场,对于行业也缺乏深入的了解,自身的目标定位还比较模糊,这些都加大了毕业生就业的难度。劳动力市场中的供需错配或者大学生期待过高等因素,都会带来毕业后未就业现象。

二、受疫情影响的工作搜寻方式

新冠肺炎疫情之前,大学生就业的途径有招聘会(包括校园招聘会)、网络、熟人介绍及自己寻找。这其中，招聘会，也就是每年的"春招、秋招"是大学生寻找就业单位的主要途径。然而，新冠肺炎疫情的严峻形势，"春招、秋招"要么停止举办，要么用人单位参与寥寥，加之企业普遍面临较大的经营运作压力，招聘名额大幅缩减。当然，很多用人单位适时调整了招聘方式，选择开展空中宣讲和线上双选，这无疑给毕业生求职提供了新的途径，但习惯于传统线下方式的大学生和用人单位之间都需适应新方式所带来的不便。比如空中宣讲，学生从中了解到的招聘信息不足，因而不能及时明确自己的就业意向；对企业来说，线上面试没有线下面试全面，为了弥补其不足，企业会提高笔试难度，以期获得优质生源，这也使得大量毕业生被挡在了面试之外。实践中，由于毕业生对网络招聘和线上签约的情况不熟悉，由此，错过就职信息和时间的情况也普遍存在，这都大大降低了毕业的生求职成功率。

三、高等教育投资收益的变化

高等教育属准公共产品，兼具很高的社会和个人收益率，具有公共产品和私人产品的双重性质。正是由于其私人产品的属性，受教育者或家庭支付一定的费用是理所当然的，而当前各国的普遍趋势也是高等教育成本分担、高等教育经费来源的多元化。近年来，我国高等教育成本个人分担部分逐年上升，投资热情高涨的原因之一就是对其预期收益的考量。对大多家庭而言，父母支付子女高等教育学费，期待的是毕业之后高职业收入的回报。然而，随着高等教育规模的发展，每年毕业生数量不断增加，其在劳动力市场上的竞争优势减弱，初次就业薪资不断下降。从每一个家庭的角度来看，仍然期待毕业生在就业市场中找到高薪职位，加之大学生自身对就业岗位、薪资待遇等有所要求，一旦没有达到心中的预期，失落和迷茫就随之而来，这在就业市场中就表现为"就业难"，还会出现慢就业或延迟就业的情况。

四、大学生初次就业困惑

首先，毕业季的大学生面临人生的第一次真正就业，不同于以往的学习生涯，基本遵循学习知识，复习考试等一系列所熟悉的方式。就业是大学是第一次面临工作岗位的筛选，不再是以往考试的惯性模式，初次就业通常会有些担忧未来，无所适从。为了规避风险，避免因为选择在低级劳动力市场就业而影响今后的家属安置、子女就业乃至户口迁移、职称评定等，毕业生在初次就业时几乎毫无例外地选择在高级劳动力市场择业。于是，每年大量毕业生涌入大城市、大单位，进一步加大了区域及行业就业市场的不均衡，同时也增大了毕业生初次就业的竞争程度。其次，高校毕业生虽具备专业知识能力，但并不了解就业岗位所需具备的技能。在筛选就业信息时，往往会出现盲目投简历的情况，因而面对招聘单位的初试、面试等环节，时常有"高不成，低不就"的状态，容易出现自我能力高估或信心不足的情况。

五、大学生个体因素

大学生的个体因素通过性别、学历、政治面貌、成长环境四个维度进行分析。

1. 性别

在我国长期的历史文化影响下，社会形成了相对稳定的性别价值判断及行为模式。男生精神方面有"男儿当自强""男儿志在四方"等传统价值理念的影响，体力方面较之女生抗压性更强，对比较艰苦的环境有更强的适应性。因此在选择就业时，男生对挑战性大、发展前景较大、个人兴趣爱好、社会地位等方面的敏感性更强。而女生对工作地点、专业对口、薪酬福利、工作时间稳定等方面关注度更高。

2. 学历

受教育程度直接影响着个人的就业选择，个人受教育程度越高，其就业观就更为积极理性，分析处理就业相关问题的能力也更强。

3. 政治面貌

大学生不同的政治面貌对其后期选择工作存在一定的影响。大学生的政治面貌按照是否为中共党员（含预备党员）分为两类进行分析。大学生党员一般以学生干部和成绩较好的学生为主要发展对象，较其他学生而言，大学生党员的理想信念更为坚定，担当意识更加强大，在就业时更加注重自身价值的实现、更具奉献意识和服务意识，相较于其他政治面貌的学生，大学生党员会对"党政机关""事业单位""国有企业"等体制内工作具有偏好。

4. 成长环境

不同地区经济和社会发展水平不一致，成长环境不一样，对大学生的就业选择会产生不同的影响。按照成长地，将大学生分为大中城市、小城镇、乡村三类。大中城市大学生在择业时一是更加注重个人兴趣爱好，另一方面对就业地的选择偏向于竞争激烈、待遇比较好、发展机会多、经济更发达的大城市。生活在小城镇的大学生，对工作的舒适度、稳定性更为看重，受熟人社会的影响，毕业后返回家庭所在地就业受到小城镇大学生的青睐。来自乡村的大学生，将毕业就业作为翻身的唯一机会，对返乡就业意愿不强，通常会更加关注待遇较好、社会保障完善的工作机会。

第四节 ｜ 本章小结

　　本章主要论述大学生就业的现状，首先，从就业政策的角度分为四个阶段：国家统包统分就业政策（1949—1983年）；"供需见面，双向选择"政策（1983—1999年）；自主择业的就业政策（1999—2019年）；新冠疫情背景下的就业政策（2019年至今）。从就业政策的梳理中可以知道大学生就业从包分配到市场化的变迁，大学生就业逐渐成为全社会关心的问题。

　　其次，从大学生就业市场的供需经济学分析，可以发现当前受新冠肺炎疫情影响，大学生就业更加困难。根据《2021大学生就业力调研报告》数据调查显示，大学生就业的落实情况来看，自由职业、慢就业比例提升，考研人数攀升，期待稳定的体制内就业，男性签约率高于女性，双一流高校选择继续学历的比例高于普通院校。从上述分析可见大学生对高就业质量的期待。

　　最后，从就业制度变化、新冠肺炎疫情影响、高等教育的投资收益、初次就业的困惑和大学生个体因素五个方面分析影响大学生就业的因素。

04

第四章

大学生就业质量的访谈分析

第一节 | 访谈法的应用

一、访谈对象的选取

访谈是通过对话的方式从被访谈者那里获取相关信息，是有目的性的谈话。通过访谈，能够更加深入地了解被访谈者的境况，获得无法从直接观察即可得到的丰富饱满的信息。本章主要关注大学生更高质量就业这一问题，大学生如何看待目前的就业质量，由于所处行业和家庭支持都会有所差异，通过访谈可以更好地了解这一群体对目前更高质量就业的关注点在哪，他们的就业质量情况如何。通过和受访者的对话，他们用平实的语言描述就业状况，为构建更高质量就业指标体系获得生动详细的第一手资料。

对于访谈对象的选取，本次访谈选择在河北就业的大学生为主要群体，通过邀请受访对象，询问对方是否同意接受访谈。为了访谈者能够轻松地回答问题，也在邀请对方时明确表达只是研究所用，写作中都是采取匿名的方式。为了能够相对全面地访谈大学生就业的情况，让受访者的毕业学校、所学专业、所在岗位的分布尽量范围更广，有时会在和受访者谈完后，请他/她介绍1~2位自己的同学或朋友，用这样的方法来拓宽访谈对象的范围（表4-1）。

表4-1 接受访谈大学生基本信息

访谈对象	毕业学校	所学专业	工作单位	毕业时间
HD201611	东北大学	电子信息工程	某银行邯郸分行	2016
HF201721	湖南大学	会计学	某电厂	2017
HF201821	河北地质大学	土木工程辅修会计学	某区某镇人民政府	2018
HD201511	华北电力大学	电气工程及其自动化	某供电公司	2015
HD200921	燕山大学	土木工程	某房地产公司	2009
HD201711	长安大学	材料成型及控制工程	河钢集团某公司	2017
HD201722	陕西师范大学	数学与应用数学	邯郸市某中学	2017
HF201811	唐山师范学院	材料化学	邯郸市某局某分局	2018

续表

访谈对象	毕业学校	所学专业	工作单位	毕业时间
HD201311	河北大学	财政学	某银行邯郸分行	2013
XT201612	中国矿业大学	计算机科学与技术	中储粮某直属库	2016
SJ201921	华东理工大学	会计学	某银行	2019
TS202021	河北工程大学	经济学	某教育机构	2020
HD201621	山东财经大学	数学辅修会计	某区税务局	2016
HD201712	河北经贸大学	金融学	某税务局	2017
HW201723	河南师范大学	财务管理	乡镇小学	2017
SY202111	河北工程大学	经济学	某县税务局	2021
HC201812	河北地质大学	计算机科学与技术	中国人寿某县支公司	2018
HD201512	中国地质大学	计算机科学与技术	邯郸某事业单位	2015
ZJ202111	河北工程大学	工程管理	央企	2021
BJ202112	河北工程大学	国际贸易	私营企业	2021

二、访谈提纲的设计

访谈一般分为结构式访谈、无结构式访谈和半结构式访谈。本章研究主题采用半结构式访谈来收集资料，也就是在访谈开始以前，制定一个大致的提纲，在与受访者交谈过程中，根据受访者的谈话内容，适当增补问题以期更加详尽地获得资料。研究者通过梳理大学生就业质量的相关文献，在了解大学生就业现状的基础上，初步编制大学生就业质量的访谈提纲。

问卷编制后，首先，请教与就业研究相关的学者和专家，征求他们对于提纲的意见和建议，通过修改完善，增补工作环境等问题，确定访谈提纲中的问题。其次，对于问卷中的问题，先找几位受访者进行访谈，也请受访者谈谈对就业质量的认识，认为问题中还有哪些需要补充，再次进行访谈提纲的修改。最后，访谈者对不同毕业时间、不同专业、不同工作岗位的大学生开始访谈。一开始访谈者会给受访者念一段话，告诉受访者谈话内容匿名之类的，这样的方式很容易让受访者有拘谨之感。随后，访谈者改变方式，以聊天的方式来告诉受访者为什么要做这次访谈，慢慢打开受访者的话匣子，给受访者轻松愉悦的交谈空间，让他们能够充分自由地表达想法。这样畅所欲言的方式，使本研究发现很多与大学生就业质量相关的新问题，对于接下来更高质量就业指标体系的构建提供有益的想法。

三、访谈的实施步骤

1. 联系受访者

由于受访者白天需要上班，大多数访谈都安排在中午或晚上进行。有的受访者在访谈期间，正好是新冠肺炎疫情封控期间，所以访谈时间相对灵活。访谈时间的确定，主要以不耽误受访者的工作生活为前提，受新冠肺炎疫情影响，访谈主要以线上语音交流为主。有的受访者工作时间不固定，加班比较多，因此联系受访者的访谈时间改了好几次。例如，有的公司白天要开会，受访者要完成拜访客户、填表等日常工作，下班回来就比较累，这时就不好意思再去访谈对方，就会再约时间。

2. 正式访谈

为了创造良好的谈话氛围，一般会和受访者先寒暄几句，谈一些生活日常或者当天的一些热点问题，在消除受访者的紧张感后，自然地过渡到访谈提纲的内容中来。每次访谈都用提纲中的问题逐条来问，不过受访者的性格特点不同，有的受访者非常健谈，提出一个问题后，他/她会回答很多的内容，也会根据回答内容，展开聊一些与就业质量相关的话题。有的受访者就回答问题很简单，比如问：第一份工作好找吗？答：还可以，好找。第一份工作符合个人期望吗？答：比较符合。工作与所学专业是否匹配？答：匹配。通常这样的受访者，会再问几个问题，比如让他/她谈谈找工作的经历，学校学的专业如何与工作结合等。

3. 资料整理和确认

每次访谈完成以后，首先会阅读一遍自己的记录，对于访谈过程中没有来得及记录，或者因为写得太快，出现的错别字进行修改。有时记录时只是简明写了几个关键字，在每次访谈结束时会补充完整。把写好的访谈记录，发给受访者看一遍，确认里面的内容是否完整，是否存在没有记录或者需要对方补充的地方。每次访谈都会记录访谈对象基本信息、访谈时间等信息，以便整理时方便查找。

四、质量保障措施与不足之处

1. 访谈中的质量保障措施

访谈对象从毕业的学生开始，接着再由学生介绍自己的朋友，尽量覆盖不同行业，因为这些受访对象都是认识的学生或者由认识的学生介绍而来，访谈过程配合度很高。为了消除顾虑，让受访者能够畅所欲言。首先，一定会和受访者表明科研用途，都是匿名，按真实情况回答就可以。其次，对于个人基本信息，也会做一些处理，只显示地区行业，而不会完全展露单位，访谈中充分尊重受访者的意见。再次，做一个好的倾听者，当受访者对某个问题谈得比较多的时候，会让受访者多谈一些自己的感受，再补充几个问题，为下一步的指标选取和问卷做好准备。最后，在访谈资料整理上，力求准确全面，完整记录受访者当时说的话，访谈结束后，会立即阅读记录的访谈内容，修改错别字，或者补充省略的个别字词。

2. 访谈中的不足之处

访谈还有一些不足之处。第一，访谈的样本虽然尽力覆盖不同行业，但是受访者多是在邯郸地区工作，这点可以通过问卷在不同区域的发放，做出一些弥补；第二，因为疫情的缘故，大部分是通过语音接受访谈，没有能够面对面的交流。

第二节 | 访谈结果讨论

一、初次就业难易度的影响因素

通过访谈发现，高校毕业生初次就业受到毕业学校、毕业时间、自我定位等方面的影响。通常来说，毕业于"985"或"211"高校，初次就业相对容易，也更容易找到自己满意的工作岗位。

对于问题1."就业时的第一份工作好找吗？通过什么渠道找到？"，从毕业学校作出分类，发现他们的回答基本类似。他们普遍没有感到很大的就业压力，表示工作比较好找，大部分通过学校招聘会找到工作。

HD201611 就业时工作好找，家人介绍，正好招聘就到现在的单位了。

HF201721 挺好找的，当时决定考研，想考北京学校的研究生，春招时也面试过银行等单位，还有就是电厂，面试的单位不是特别多，后来是研究生没考上，就签了这。单位和我家里挨得近，就留在这里。我当时考研，没太关注就业信息，面试完之后，面试还行，就决定找工作，网上投简历，早就决定就业的同学关注多一点，就推送适合我的。同学已经就业了，看到他们学校推的招聘信息就转发给我了。

HD201511　还可以，比较好找。校园招聘找到的工作。

HD201711　第一份工作通过校招，去的是长城汽车股份有限公司（保定），挺简单的，面试一下就过了。

HD201722　第一份工作挺好找的，通过自己招聘找到的。

XT201612　就业时第一份工作经家人介绍，走校招渠道考入，就业难度还可以，算中等。

SJ201921　就业时工作好找，校招，应聘比较顺利，去考就录取了。

这些受访者毕业于"985"或"211"高校，当回答第一份工作是否好找这个问题时，大部分表示工作比较好找，很多是通过校园招聘找到工作。

"二本"院校的学生找工作表现出各自的差异，很少一部分回答好找。受新冠肺炎疫情影响近两年毕业的大学生找工作压力更大，同时受访者也表示，如果愿意参加工作，可以找到工作的，找工作的预期在调整中，尽量是能找到工作，自己相对也满意。

HF201821　第一份工作通过校招，去的是中铁城建集团第三工程有限公司（天津），不太好找，土木要男生要的多，但是没有人要我们，我算是专业里女孩比较快找到工作的。国庆节前，好多学生回家，参加的人比较少，女孩偏多，也是机缘巧合。

HF201811　第一份工作通过一个焦化厂（唐山）来学校招聘去的，有一个简单的面试，通过之后就签了合同了。

HD201311　这就是第一份工作，校园招聘，被录取比较顺利。不过当时2013年，招聘人数明显少了好多，2011年和2012年招了一百多人，2013年招了三十多人。

TS202021　我感觉不是特别好找，疫情都是线上约一些面试，没法实习。我这个工作是在招聘网站线下招聘会找到的，是由本地人力资源和社会保障局举办的大型就业活动。

HD201621　就是目前的工作，算好找，没毕业就考上了。国家人力资源和社会保障厅的网站，看到这个职位在招聘，知道每年都有"国考"，学校里听说后，自己再搜索考试时间。

HD201712　还可以。刚开始通过校园招聘，笔试和面试通过后，去泰康保险河北省分公司上班。

SY202111　毕业直接考的这里，在学校里就算考上了，没有找其他工作。通过看网上的考试通知。

HW201723　就是目前的工作，算好找，每年都会有教师招聘，关注网上的信息，通过社会招聘渠道找到的。

毕业于"二本"院校的受访者找工作的渠道也以校园招聘为主，对于找工作的难易程度，每个人的感受有所不同。比如说，女孩学土木建筑类专业，单位更愿意招男生，女生就业比较难，就算找到对口工作，由于工作大多在一线工地，受访者对工作环境也有抱怨。初次就业的难易程度和毕业时间关联度也很高，2020年和2021年毕业的学生明显感觉就业压力很大，找工作也相对困难。2021年有的毕业生在受访时表示依然没有找到工作，正在备考公务员。而2009年，毕业的受访者虽然是毕业于大学的二级学院，专业是土木工程，但在找工作时表示很好找。

HD200921　校招的，我们学校的就业率还可以。

"二本"院校毕业生初次就业难易和毕业时间、个人预期的关系都很大，同"985"和"211"大学毕业生相比，他们选择单位的范围较小，找工作时需要调整预期。

HC201812　好找，通过校园招聘考试通过。参加多种考试，最终考上该公司。

HD201512　好找，通过朋友介绍，从事医药销售工作。

ZJ202111　好找，校招。多关注学校双选会通知，多咨询一些企业，招聘条件都不是很高，就是看工作自己能不能看得上，只要自己眼光不是很高，都可以找到工作。

BJ202112　校外自主就业，好找。

这些受访者都表示工作好找，他们把先就业放在第一位，主要在企业工作，或者从事销售类的工作，寻找工作时并不是一定要去有编制的单位。

二、大多数受访者表示工作符合期望

对于问题2."初次就业工作符合个人期望吗？从第一份工作到现在换过工作吗？有几次？"，受访者大多表示工作符合期望。原因可能是，大学扩招后，大学生面临市场就业的压力，在劳动力市场中，大学生供给数量增加，无形中用人单位选择人才的范围就更大,在岗位招聘时,也更加注重专业和岗位的匹配度。

HD201611　第一份工作到现在没有换过工作,相对比较符合。追问:最符合的工作是什么样？一开始期望去技术类的公司或者从事技术类的工作。

HF201721　挺符合期望的,工作地点在省内,离家近,工资福利待遇也挺好的。没有换过工作。

HD201511　比较符合。没换过工作。

HD200921　第一份工作河北天山地产。还行,专业对口,学校在推荐单位,他会邀请来校招,不对口不推荐,就是对土木招的。为了结婚换到这儿,还是地产公司。

HD201722　符合自己的工作期望。没有换过工作。

HD201311　差不多,算是符合。没有换工作。

SJ201921　第一份工作到现在没有换过工作。预期就业就是银行,工作比较符合期望,财务岗位也与预期相符,工作内容有些偏差,但大方向一致。

TS202021　相对来说工资是比较符合,钱到位,距离家近,工作强度大。没换过工作。

HD201621　比较符合。没换过工作。

HD201712　还可以,但是家人不支持,希望我回家乡这边工作。换过一次工作。

SY202111　算是符合,毕业时就准备回家找工作。

HW201723　比较符合。没换过工作。

BJ202112　比较符合吧,能满足个人生活花销,当前的生活方式也比较能接受。没换过工作。

当然,也有部分受访者表示不符合个人期望,或者一开始符合,工作一阵发现不符合,这时他们就会考虑换工作,很多就换到目前的工作,或者已经有离职的想法。这主要和大学生在校内并不知道这份工作的职责有关,工作了一段时间后发现自己并不适合,或者与内心对工作的期待有距离。

HF201821　在我刚上班的前期,头三个月还是符合,过了国庆节再往后,工地环境,越往后越承受不了,特别冷、脏,我一天也承受不了,就想换工作,招聘再找,有很大限制,所以开始公考。换了一次。辞职后就考上公务员了,就是现在的工作。在此期间,广撒网,考了天津的公务员、银行、军队文职。回到老家,有的考上了,有的没考上,最后选择回家当公务员。2019年4月离职,之后2019年10月又入职。

HD201711　刚入职挺符合自己的工作期望，工作环境挺好的，后来加班特别严重，就不符合自己的期望了。换过一次，主要是加班严重。

HF201811　不太符合自己的工作期望，当时没有具体的职业规划，就一个校招就直接去了，去了之后也不太满意。换了两次，第一份工作没有多久，两三个月，离家又远，2018年10月去的第二份工作在北京的一个资产评估公司，做评估师助理。

XT201612　初次就业工作不太符合个人期望，有些岗位与自己期望相差较远，中间换过一次工作。期望工作是非后台类的，操作性较强的，跑现场的工作。

HD201512　不符合。工作不稳定，收入水平变动大，与所学专业无关。换过一次工作。

ZJ202111　不符合。没换过。主要是这个专业就不符合自己的期望，尤其是对女孩子不是很友好，离家还远，已经有离职打算了。

受访者中只有一位表示不符合个人期望，既没有换工作，也没有换工作的打算。

HC201812　不符合。离家远，工作忙，休息时间少。没换过工作。

和受访者的访谈发现，大部分受访者的初次就业是符合个人期望的，如果不符合会考虑换工作，他们不会将就着去工作，所以在受访者中也只有一位认为工作不符合个人期望，但也没有换工作。

三、所学专业与岗位匹配度较高

对于问题3."现在的工作岗位和所学专业匹配吗？发展空间如何？（培训）晋升机制？"，大部分受访者表示工作岗位和专业匹配度高，这不仅是个人意愿，也有单位在招聘时要求的人岗匹配。

HD201611　和所学专业有一定匹配度，比较相近。

HF201721　匹配，学的是会计学，现在也是会计的工作，专业对口。

HF201821　和我的辅修专业匹配。

HD201511　匹配。

HD200921　没有离开土木，但是完全对口，好像也不对口，向管理层迈进，你开始刚到公司，做基础工作，随着发展，别的部门调过来，岗位提升，越来越不对口。经验有了，专业的基础就不太重要。

HD201711　匹配。

HD201722　匹配。

SJ201921　和所学专业有一定匹配。

TS202021　可能和我专业某些学科匹配，我也是做销售工作，相对来说匹配。

HD201621　也算是相关。就是跟数学关联性少点，分析的时候也有用到，会和企业打交道，企业的报账，也和辅修专业会计有关。

HD201512　匹配度60%左右，会用到所学专业的一部分基础知识。

ZJ202111　匹配。

BJ202112　匹配，从事国际贸易业务。

同时，有部分受访者表示所学专业和岗位不匹配或者完全不匹配。

HF201811　不匹配。

HD201311　应该不算匹配，财政和银行不太匹配，算是经济大类。

XT201612　现在的工作岗位与专业匹配性不大，单位有专门的技术岗。

HD201712　不是特别匹配，我学的是金融学，干的是税务局的工作。

SY202111　少部分是匹配的，关于财政方面是匹配的。

HW201723　完全不匹配。小学老师教的都是语文、数学、英语，与财务相关知识无关。

HC201812　不完全匹配，会用到一点基础知识。

受访者在谈到工作岗位发展空间时，大部分表示发展空间不大，工作中培训的多和少与所处行业有关。

HD201611　目前工作发展空间，不是很广泛。当前工作和银行业务不是很近，一般都是银行业务的发展空间多，我这类岗位有，但是不是太高。晋升机制相对公平，基本都是公开透明，考试和面试。我的岗位培训较少，做银行业务类培训相对多。岗位归到办公室，但不在工作职责里面。

HF201721　发展空间不大，我们单位是国企，流动性不大，财务部门不是一线部门，不太重视，发展空间不大。也是论资排辈，来这个公司五年了，前四年没有晋升，等前面人退休，这两年，有人退休，有人离职，就可以走两个岗，等到机会了就可以，或者只能等。我在公司里没有背景，只能靠有机会了走一走。整个工厂里都是这样，去年有一个大规模的变动，提了一批中层，因为有人退休。培训不多，都是自己考试，专业等级、职称之类的，单位不太重视我们。领导里都是生产出身的。

HF201821　我觉得发展空间一般，晋升提拔受限制，在机关单位，虽然一直改革，论资排辈，包括一些其他的东西都很限制。培训机会不多。

HD201511　发展空间一般，没有什么起色，就是上班。有明确的晋升通道，比较公平。机遇赶得不好，选对了路就比较顺利。根据自己的特长，想往哪方面做，不要跟风，想往哪方面发展。培训机会较多，有技能类的，还有一些兼职培训师之类的。

HD200921　经验有了，专业的基础就不太重要。像我们专业，晋升有两条路，技术岗级位置，做预算，转向管理类的。我同学，基本就是两条线，是专业工作，或者跨专业做管理类的工作。公司培训还是挺多，全公司的培训，岗位基本素质、沟通交流、技术类的培训；管理岗位的培训，大方向、市场的行情，每两个月至少有一次培训。

HD201711　发展空间比较小，老人比较多。培训不多。

HD201722　没啥发展空间。培训正常。

HF201811　发展有局限，签的劳务派遣合同，一直就这个样子。培训不多，就是科室的老人教一教，没有专业的培训。

HD201621　发展空间就是，政府部门不仅看能力，有时候也看其他因素，也看领导面前的表现，竞争比较大，我们单位人少，符合晋升要求的人少，和其他统计单位相比还可以。培训挺多的，一个是我们单位定期钉钉课堂，面对面地讲课，也会有对企业的培训，业务单位培训比较多。

HD201712　在基层工作，发展空间很小。晋升机制很多年难遇到一次，需要不断学习考试，等待晋升机会。

SY202111　发展空间不是很好，上级晋升都不是很通畅。税务局特别注重学习成绩，你工作成绩次要的，考试成绩要在前面。有自己组织的考试，近三个月都在单位学执法资格证，其余可以考注册会计师和注册税务师，如果两个都考下来，直接到市局。刚入职后，大部分时间在培训，去省局培训，从过年前到现在，就一直在上课。

HW201723　发展空间一般，对现在比较满足，不追求进步。培训多，但没时间用心参加，主要是学校内部组织的，培训一些专业技能、如何讲课、办公软件等知识，对培训要求不严格、落实情况一般，很多都是摆拍照像而已。晋升机制不好，主要看资历、看性别。

ZJ202111　发展空间一般，办公室只有三个人，两个是领导，没有明确的晋升体制，跟努不努力工作没有多大关系。

也有少部分受访者表示发展空间比较好，或者有发展空间。偏业务类的部门培训次数相对较多，比如会计或者税务局，其他类部分培训一般。

HD201311　发展空间的话，有，不是很顺畅，内部的竞争还是比较激烈，干部年龄逐渐在降低，青年员工的发展空间能看见。晋升的通道考试，或者支行推荐，考试通过率百分之多少，再是面试，或者择优推荐，再面试。像这种四大行也不是一个地方说了算，相对比较公正。培训不少，有疫情的话，培训就不多，疫情之前培训机会不少。针对岗位，管理方面，都有，都会去省行发展，全国交流。

XT201612　岗位发展空间较好，国企内平台大面广，目前周围同事学历不算高，高学历在晋升上有一定优势，比较受领导重视，工作能力突出也比较容易显出来。因为岗位特点，粮食领域抓得紧，会议学习分析较多，知识性培训少，更多的是现场实操教学。晋升公平性还可以，国企要求考核形式要严格、透明，有污点（不一定很严重）就可能被一票否决，而且要经过北京总公司审批同意。

SJ201921　目前工作晋升空间还好，有一些渠道可选，发展方向可偏向业务也可偏向财务。培训非常少，基本学习全靠自己努力，工作安排和晋升相对公平，银行离职率较高，所以能晋升的人都比较有能力，选拔过程也是通过笔试和面试公开进行。工作内容比较集中，偶尔会有领导安排的其他工作事项。

TS202021　工作发展的空间，做一线好一些，做管理层面临工资的调整，没有提成，有晋升，每半年会有调整。我不想去做调整，管理层虽然工作强度不大，各种会各种压力比较大。培训的话，出考试通知会有培训，每周培训，如果大家业绩不好，就会每周会培训销售技巧。

HC201812　发展空间还可以，看个人能力和领导赏识。培训多，入司就开始培训，时不时组织条线培训，一个月至少一次。整体来说培训效果还可以。晋升机制相对公开透明，根据司龄、个人能力。

HD201512　发展空间不错。单位业务部门培训较多，自己在行政口，培训比较少。晋升机制比较公开透明，今年重新洗牌选用提拔，职位上有所上升。

BJ202112　已经有小小的升职。

四、劳动强度、工作环境与所处单位和工作岗位有关

大部分受访者表示按时上下班，偶尔加班或者不怎么加班，劳动强度也比较正常，工作环境和工作岗位关系大。

HD201611　目前这个工作加班不多，工作强度比较轻松，特定时间会比较忙，但大部分时间正常上下班。8:00正式上班，下午17:30下班。不会晚于18:00，工作时长还可以。

HF201721　刚来的时候不大，16:00就下班了，通勤一个小时，回家17:00。2020年开始，国家节能减排，电厂转型，研究新能源，就开始经常加班，2022年工作时长延到17:00，人员没有增加，工作量加大。正常上班时间，从早晨7:00上班车，8:00到单位，8:30开始上班，12:00到下午13:30，休息一个半小时。有宿舍，但是不想住在宿舍，一般是外来的，没房，结婚买房就可以退宿舍。

HF201821　工作环境，都是平房，二三十年前的房子，有小院。计算机的年龄比我还大，打印机也经常不能用。单位在镇里，有很多不便利。工作强度，不能保证周六日的休息，基本都是上班，防疫需要紧急工作都是随叫随到，乡镇跟市里公务员比，较为辛苦，没有业绩压力。正常上班时间8:30~12:00，下午13:30~17:30，基本不用加班。正常下班是可以的。

HD201511　不经常加班，好多属于备班性质，有时候周末临时有活。有时候晚上时间长一点。分专业的，配电配网，供上电就行，小变压器，没电了要去抢修，跳闸停电比较少，日常维护比较多，定期的比较多，需要停电要打申请，正常规定时间内要干完。变电检修部门，工作量中等偏小，脑力劳动中等往上，门槛比较高，学三年或五年，专业才比较精通，三五年之内学习的比较多，学新的东西。知识类的很多，有师傅带着。正常工作时间，周一到周五，8:30~17:30。办公室工作环境一般，普通办公桌，出去干活的时候环境差很多，自己带水，中午吃饭比在单位差很多。一个月有半个月是要出去工作。

HD201711　八小时工作制，工作强度不大，基本正常下班，不加班，工作环境一般，就餐环境也一般。

HD201722　不加班，工作强度挺大的，工作环境挺好的，比较单纯。

HF201811　白天上班分时候，主要看工作目标要求，有时候忙，有时候闲，基本可以正常下班，可以保证周六日休息，但是平时经常加班，工作强度较大，偶尔会有紧急的工作。工作环境很好。

XT201612　正常上班时间冬令时8:30~16:30，夏令时8:30~17:30。特定时段，如6~8月，10月到过年等粮食丰收、入库时段较忙，加班多，其他时间还可以。加班会有明确的加班费。工作环境还可以，少部分去现场仓库的环境会有噪声、粉尘等，单位体检会有专门职业病检查。

  SJ201921　会加班，但次数不多，工作强度还可以，有时忙，有时闲，正常工作时间为9:00到下午17:00，大部分时间18:00前能下班。加班时会到21:00；工作环境比较好，有咖啡厅、健身房等设施，配备比较齐全，新换的办公区环境不错。

  TS202021　只有特定的时期——公告期，正常是17:30下班，但会18:00以后走，加班比较少，完全看个人，如果想要高工资，就多加班。工作强度，能让你一天工作内容满满当当；出考试通知时，相对来说工作量大，任务量加倍。工作环境相对来说其实挺好的，目前的话，也是团队合作，大家都是互帮互助，遇到好的领导，取决于自己的老板。

  HD201621　加班比较少。以前工作还行，去年后半年强度比原来高，和企业和其他政府比，不算强，和别的部门相比，我们的工作忙一点。工作环境还可以，办公大楼一样。

  HD201712　几乎不加班，到点下班。

  SY202111　税务局加班比较少。工作强度一般，不是每天都一样，有时工作强度比较大。一般就是两三天，也许会半个月，主管业务会多一些。我们在大厅里，工作时间比较固定，到点下班。9:00到12:00，13:00到17:00。工作环境还可以。现在税务局和政务服务中心，已经入驻政务服务中心，条件还可以。

  HW201723　没加过班。其他同事有人会加班。自己课程比较少，白天把工作完成，下班就回家了。强度中等。工作环境一般，厕所卫生不好，有进步空间，可以让环境更美好。

  HD201512　偶尔加班，但也不会太晚，一般19:00前能忙完。工作强度还行，偶尔有阶段性的重点工作，强度会大一些。工作环境还可以，但办公室就在厕所对面，味道不太好闻。

  有少部分受访者表示经常加班，基本是工作的常态。

  HD200921　我们经常加班，加班是常态，白天会处理一些协调，部门之间的问题，正常的工作时间结束之后，都是基础性的工作。管理类的加班，施工现场就是没有下班时间，施工作业整晚都不能走，公司都为项目服务。正常打卡时间，公司制度要求，到点走的人不多。正常上下班时间国际规定的时间，周六周天说的是休息，但是常规情况下不行。不是纯体力劳动，晚上还要加班，脑力上强度比较大。环境还是不错的，公司有休闲区，有茶饮，该有的都有。

HD201311　工作环境还可以，工作强度不小，加班免不了。正常上班是8:30~21:00营业，对外下午17:00关门，5:30下班，18:00来钟差不多了，岗位不一样，差异比较大，贷款加班比较多。都要18:00来钟下班，算是正常，一般17:30肯定走不了。刚过了一季度，指标要求比较多，如开门红、营销调度、工作的情况，每个人汇报完成情况，外部对客户，上门营销、走访，贷款需要现场核查，这些工作都在上班时间完成，回来的案头资料就在八小时以外。

HC201812　经常加班。周六日一般休息一天，平时经常加班到晚上20:00。工作强度大，指标压力大，工作环境不错，而且马上到搬新楼，新楼比市公司还好。

ZJ202111　经常加班，工作强度大，尤其是一个工程快结束，项目结算和各种检查，基本就得住在工地上。工作环境一般，比较偏远，工地杂乱，对女孩子实在不是很友好。

BJ202112　工作强度很大，加班较多，客户全部为外国人，有时差的因素，时刻与计算机为伴，随时随地都可能开始工作。

五、收入同单位性质和所处行业关系密切

对于问题5."收入（工资奖金福利），签订合同，五险二金情况如何？"，大部分受访者的收入在当地处于中等或中等偏上水平，对收入的感知力因人而异，比如有的收入算是中等偏上，但他认为也就是很一般的水平。企业效益好的企业收入高于事业单位，而在事业单位内部，无编制人员的收入低于有编制人员的收入。

HD201611　我这个工作是五险二金。多了一个企业年金（如果一直在企业干到退休，类似于养老金，另有一些钱给你）。中等偏下，到不了中等，我的生活没有太大压力，能维持相对轻松的生活。中层领导及以上员工比较高，一般员工不高。和金融行业相比，银行员工收入还是不高。

HF201721　税前14万吧，加上年终奖，福利有补充养老、补充医疗、住房公积金比例也比较高，单位有食堂宿舍，餐补也挺高的。在邯郸能找到这个薪资的不太多。住房公积金和企业年金，五险二金。

HF201821　刚涨了工资，一个月到手6000元，一年有个取暖费，5000元，13个月工资，差不多2000元，年终考核奖5000元。我们三险二金，养老、医疗、工伤，公积金和职业年金。

HD201511　假期福利、年薪、节假日都有，工资、奖金都有，在这里属于中等

偏上。工会福利单位组织旅游，秦皇岛、桂林、成都、三峡等，几个地方你选。正规的五险二金都有。签订合同，第一次签三年，然后签五年，五年以后就会签很长期的合同。

HD200921　工资基本分为基本公司，主管级、经理级的绩效占比不一样，绩效按照KPI来完成情况发放，签订合同，比较稳定，在邯郸属于比较大的公司，相关的制度比较规范，不像一些小企业，公司有制度规定，公司辞退你的话，会有补偿。有养老、工伤、医疗、生育、商业险，买的社会上的保险，意外险是公司纯福利，不会从工资里扣。收入水平属于中上。跳槽一下就涨，大家这个圈是通的，来吧，一直跳。比原来好才跳，总监年薪大概三十万到五十万。

HD201711　工资水平在当地还可以，福利也算比较好的。签订了三年的合同，有五险一金。

HD201722　工资福利比较好，签订合同，保险都交了。

XT201612　五险二金（有企业年金），现单位在集团内的收入比较靠前，分公司经营自负盈亏，利润归自身，在全国排名都靠前，目前收入能够生活得较轻松，签订的正式劳动合同。

SJ201921　我这个工作是六险二金。多了一个商业保险和企业年金（如果一直在企业干到退休，类似于养老金，另有一些钱给你）。收入水平不错，比较符合心意。不考虑买房的情况下生活非常轻松，工资应该属行业平均水平，都是签的正式劳动合同，签几次之后会转为长期合同。

HD201621　社保这些比较不错，基数会高一些，企业就算工资高，我们的基数上调五险一金比较好，工资在全市是中等水平。差不多五六万，市里的工资高一点。商场的售货员一个月就两三千，企业的员工，也有效益好的，普遍是三千多。

HD201712　税后十万左右，五险二金，在这里还算不错。

HW201723　收入比较满意，中等偏上水平，认为年收入6万~7万为中等。五险一金比较满意，劳资关系稳定。

HC201812　收入比较满意，中等水平，认为年收入6万~7万为中等。五险一金比较低，感觉在全市处于较低水平，劳资关系稳定。

部分受访者收入与绩效挂钩，他们认为收入受业绩的波动明显，因此需要努力提升业务量，就算收入与当地平均水平相比还不错，但是他们的自我感受依然觉得收入不高。还有部分受访者是劳务派遣或者是没有编制的员工，感受到收入不高。有的受访者表示不愿谈及确切的收入，所以只能了解一下他认为工资处在什么水平上。

HF201811　工资在当地中等偏下，3000元左右，签订了一年劳务派遣合同，一年一签，有三险，养老、医疗、失业。

HD201311　跟业务挂钩，完成的好，还有系数，完不成的话真的没有多少收入。现在存款什么的特别难拉，三五十家银行，银行的竞争的压力特别大，竞争上来了。收入能到中等就不错了。前两天报了个人所得税，也就拿了十三万左右吧。对四大行来说，地方性的股份制冲击力还是很大的。小银行不稳定，说得特别透。合同正常，五年到期以后就签。五险二金都有。

TS202021　我们的基本工资提成加绩效，年终奖的话，分配方式以前是满两年，发一年的奖金，目前发展的不好，谁销售得好，谁的业绩好，年终奖也是用周六日上班换来的，有时候需要加班，比如说什么节假日的一些礼品都没有。在唐山县里入职，县城属于中偏上，市里属于中等，绩效提成相对来说比较不稳定。五险一金，交的都是最低的标准。合同签订，三年签、五年、八年和终身。工作时间长，顶多工龄，绩效提一点，别的也没什么变化。

SY202111　工资的话，县城的收入就是偏低，维持普通的生活水平。县城中等收入，一个月三千多，涨得也特别慢。分局局长一个月四千多，副科级，加上奖金大概六万多。绩效精神文明奖，有些地区偏高，有些地区取消。没有合同，公务员不签合同，五年服务期限，不允许辞职，五年以后就是长期，不违法犯罪就不会辞退你。有编制，也不签合同。五险二金，生育保险要并到医疗，公积金比较高，相比县里其他部门，职业年金也有。

HD201512　收入比较低，中等偏下水平，认为年收入6万~7万为中等。五险一金也比较低，劳资关系非常稳定。

ZJ202111　收入保密，签订正式合同，八险二金。有一点奖金，安排住宿，在县城租的房，不过离工地较远。

BJ202112　工资中等吧，奖金与业绩挂钩，占收入一大部分。

六、工作的满意感是一种综合的感受

对于问题6."对目前的工作满意吗？同事关系是否和谐？"，大部分受访者表示对工作满意或比较满意，他们对于满意感的来源主要有关系和谐度，是否可以和同事顺畅交流，离家距离远近，工作能力被认可等方面。

HD201611　我对目前的工作比较满意，工作内容与所学内容比较接近，工作地点也合适，相对满意。劳动关系相对比较和谐，年轻人居多，便于交流，没有代沟，相对影响比较小。

HF201821　满意。不签订合同，考上就有录用文件，不犯错误的话可以一直在单位待着。关系比较和谐。因为比较稳定，大家都会长期相处，不会破坏这样的关系。

HD201511　满意。比较和谐。

HD200921　还行吧，就图离家近，跳槽不太关注。有的部门和谐，老板的总秘书处，天天有人告状，人多会有不和谐。白天你想做的工作，都下班再去做，所有事都做完了再输出。

HD201711　比较满意，人际关系一般。

HD201722　满意，人际关系和谐。

HF201811　基本满意，没有利益关系，同事关系都挺好的，没有合同纠纷。

HD201311　还可以，对目前工作还比较满意。关系特别和谐，都挺好的。都有很多的工作。

XT201612　我对当前工作比较满意，就是离家较远，其他方面都还好。劳动关系也比较和谐，由于激励机制的安排，工作一般没有人抢，同事间关系相对简单，大部分同事是中年人，工作年限也在二十年前后，有专业安置人员，事情比较少。

SJ201921　我对目前的工作比较满意，劳动关系也还行，工作中主要是行内人员之间的交流，偶有不和谐的地方，没什么应酬，关系较为和谐。

TS202021　疫情的大环境下，只能说是满意。和谐，其实相对来说，我在张家口，内部很和谐，到哪个团队就融入到哪里。绩效是由团队来决定，我们整体完成度高的话，绩效也会上涨。

HD201712　还可以，就是晋升机会太少了。关系和谐，大家都觉得我是业务骨干，并且认真负责，我对老师傅也很尊重。

SY202111　基本满意，符合工作之前对这个工作的预期。跟同事之间都很和谐，年轻人很多，大家都能聊到一起，大家之间没有利益冲突，没有什么竞争，提拔的机会就很少，大家也没有钩心斗角。跟上级有关，也看自己，如果领导感觉你比较敬业、能干，可能会给你工作多一点，如果不爱干活，经常出错，慢慢地你的活就越来越少，如果有晋升机会有影响，但他对你也没有惩罚的手段。

HW201723　满意。和家长关系不太和谐，和领导、同事关系挺和谐的。

HC201812　满意。和领导、同事关系挺和谐的。

BJ202112　挺不错的，各自负责各自的客户，分工明确，领导管理也比较人性化，相处较和谐。

也有部分受访者表示不是很满意或者不满意，对工作不是很满意的受访者，对于工作的某些方面表示出不满意，比如工资水平，而直接回答不满意的受访者，就是有很多地方都让他感到不满意，比如和原来相比，工作量变大，而公司人手没增加，收入也没有提高，或者工作环境不好，不适合女性干等。

HF201721　怎么说呢，其实不是很满意，太忙了，我们财务部门，我刚来的时候人员充裕，管的账也少，现在人员减少，来的时候是两个单位，电厂和供热的会计的账，现在加到十几个，后来加上新能源的单位，大概有十套账，我的同事离职了，工作一直增加，晋升空间很低，实在觉得太消耗。我来以后一直在招人，又招了新人，没时间给她们培训，基本靠老员工顶着，50岁左右的会计就不加活了，二三十岁的人就往死里加活，就一直在加活。转型过程中有很多矛盾，各部门之间内耗很严重，推来推去，财务比较务实，没办法推出去，我们就要收口，就是很艰难。合同挺和睦，不会到期不签，有编制之后除了自己提出来，否则不会开除员工。人际关系以前挺和谐，现在有点不太和谐。大家都在加班，活多了，好多新鲜的东西，界定模糊，扯皮的现象挺多。

HD201621　处于一般和满意之间，满分5的话，3.78分。我觉得人际关系没啥，我们刚入职，比较简单，挺和谐，也不影响别人。但是如果中层，涉及竞争，会影响和谐。

HD201512　满意度70%到80%吧。对工资水平不满意，对工作氛围、发展前景比较满意。和领导、同事关系挺和谐的。

ZJ202111　不满意，想辞职回家，找个适合女孩子的工作。关系一般，活多的时候大家一起干，活少都休息，没有什么其他的矛盾。

七、工作中个人价值实现一般

大学生从最初的天之骄子到连年扩招后就业压力陡增，大部分受访者表示在工作中个人价值实现情况一般，他们对目前的工作更多的是一份必须完成的事，很多时候觉得没有挑战，也没有太大的能力提升，对于未来的发展也没有太多的期待。

HD201611　我感觉我现在的工作在个人价值方面实现了一部分，有些能体现，有些没有。体现的一方面就是我个人的话，可能一些技术方面，能体现一部分，分行权限比较少，也不是专业人干专业事，干几年其他事，专业都拿不出手了，有些内容还是会实现，兴趣点在哪方面，锻炼的机制有问题，能实现一部分。

HF201721　刚毕业的时候在厂里当会计，一开始从出纳做起，看着会计做报表，就觉得有成就感，但现在接来的两三家的工作，在超负荷工作，就觉得能不能只有一个单位。不追求成为中层领导之类的，开始想的单纯好好干活就能获得价值的想法不太一样。现在想的就是到点下班，不加班就挺好的。会计好就业但是竞争太大，干了十年，本身是专科还是本科，区别不大，差距不是特别大。会计挺"卷"的，注册会计师考完六门，单位里不会说晋升。财务涉及的面比较多，各种政策在变，收入该怎么计量，国家也在更新法规之类的，不学习的话都不知道，事务所都接触到各个行业，形势销售模式都在变，才能应对变化。

HF201821　谈论起来这份工作，我觉得公务员还是不错，个人价值的体现一般吧。

HD200921　还好吧，对这个不太关注。职业在圈内有一定的声望度，同行业里岗位可以组织聚会之类的活动。

HD201711　谈起来还行，相对稳定，个人价值没有实现。

SJ201921　我感觉个人价值实现比较一般，有项目时我的专业水平能够体现出来，除此之外更多时间是琐碎事务。不过财务部门发展空间较多，有更多让自己进步的方向，个人有想法，也会有一定的拓展空间。

TS202021　其实没有，有些时候也很困惑，每天和各种人打交道，考生真的上岸，这种情况下才会觉得很棒，才会觉得有收获，其他真的没有特别大的感触。

HD201621　一般，因为我们科长太能干了，所以觉得自己表现一般，自己的价值没有得到充分的体现。助理刚入职的时候，实践的也少，还是老前辈抓着这些活。年轻人上学毕业，放到办公室，弄一些文件，或者琐事啥的，很多时候很常见。有一部分价值充分体现，有一部分就没有。到这个单位多学点业务，不要什么都不知道。

HD201712　单位同事和纳税人都知道我是业务骨干，各种税收知识和会计知识都有所涉及，基本上什么疑难杂症都会找我，各种培训考试也是派我参加，我觉得有满足感。但是感觉工作单位太基层了，遇到的都是一些简单的、重复性的问题，没什么难度和挑战性，同事们基本上不去额外学习新知识，没有相互学习、相互竞争的乐趣，并且晋升机会太少了。上班七年了，都没有一次晋升机会，感觉自我价值没有完全发挥出来。希望通过不断的学习和考试，能去到更高级的平台，发挥自己的全力，职位上也能有所晋升，看看更高处的世界什么样子。

HW201723　受工作环境、体制等因素影响，没有完全发挥出来价值。

HD201512　实现情况也是70%到80%吧。目前个人价值实现还可以，觉得自己还能发挥得更好，继续努力。

ZJ202111　未实现，感觉工作没有意义。

BJ202112　普普通通的打工人，单纯为了生活。

部分受访者表示实现个人价值。

HD201511　有，实现个人价值。

HD201722　职业声望挺好的，工作有成就感。

HF201811　科室大部分业务都在我这，领导同事对我评价不错，我能应对大部分业务，自我价值实现基本满意，工作有一定成就感。

HD201311　我刚调了岗，我做了美的的贷款，在邯郸分行，第一笔给美的集团放了五个亿的贷款，行里面这些表彰的比较多，做邯钢业务也挺好，邯钢今年效益还不错。

XT201612　我感觉差不多有一定自我价值实现，我对工作期望也比较少，目前领导也较为喜欢，有些事务会安排我来负责或者做东西、写东西。

SY202111　我觉得现在在大厅工作、网上办税，都是疑难杂症，我们刚来什么也不会，自己学会以后，很有成就感。

HC201812　能充分发挥自己的能力，挖掘自身的潜力，个人价值实现较好。

第三节 ｜ 本章小结

本章用访谈法对大学生就业质量做以分析，首先介绍访谈对象的选取，访谈提纲的设计，访谈的实施步骤，质量保障措施与不足之处。在做完这些基础工作后，对访谈内容做出归纳分析，关于大学生就业质量有如下发现：

（1）初次就业与毕业学校和所学专业关联度很高。从访谈结果来看，"985"和"211"院校的毕业生找工作明显比普通院校学生容易，也和所学专业有关，相对来说，毕业年份所学专业的行业处于发展阶段，工作相对容易找到。

（2）毕业生的就业渠道基本以校招为主。访谈中的毕业生大部分找到工作的途径是校园招聘，其次就是家人介绍，很少通过社会招聘的方式。交谈中发现，"985"和"211"院校来招聘的企业通常好于普通院校，大多是"500强"企业或规模比较大的公司，而普通院校招聘的中小企业较多。

（3）就业难度与毕业时间有关联。高校毕业生连年攀升，在访谈中，还是能够明显发现毕业早的学生更好就业，而近几年就业的学生普遍感觉就业压力大，找到相对满意的工作比较难，受疫情影响，学生就业的预期普遍降低。

（4）工作中的自我实现普遍表示一般。大部分受访者认为，工作中没有什么自我实现，只是普通的一份工作，从事专业技术类工作的受访者，表示能够从工作中获得价值感的稍微多一些，技术类的工作解决的问题相对及时有效，工作中的成就感也更多一些，而一些事务类的工作基本表示没有什么工作价值体现。

（5）单位性质和就业满意度。从访谈结果来看，事业单位上下班时间相对固定，加班不多，工作稳定，收入有保障，就业满意度比较高。但在同一单位，有编制和没编制的收入有差别，因此就业满意度也会不一样。民营企业相对来说加班会比较多，但也和工作岗位有关，有的岗位绩效考核压力大，下班后需要加班，事务性的工作岗位加班不是很多。受疫情影响，大学生普遍调低工作预期，就业满意度个体差异比较大，同样的工作岗位，不同的受访者感受也不一样。

05

第五章

大学生更高质量就业指标体系的设计和构建

第一节 ｜ 大学生更高质量就业的内涵

就业是民生之本，发展之基，国家在《"十四五"规划和2035年远景目标纲要》第四十七章提出了"实施就业优先战略"，同时提出了要"健全有利于更充分更高质量就业的促进机制，扩大就业容量，提升就业质量，缓解结构性就业矛盾"的政策措施。大专院校毕业生、退役军人、农民工等重要群体的就业问题引起了社会各界的广泛重视及关注，2022年教育部更是将促进高校毕业生更加充分更高质量就业列为工作重点，全面助推大学生更高质量就业的实现。

随着高等教育扩招，我国新生代受高等教育水平获得了普遍的提高，高校毕业生数量也在逐渐递增，关于大学生"更高质量就业"是近期社会和学者研究的重点，但是目前并没有对"更高质量就业"的内涵有清晰的界定。随着经济的发展及国家政策的支持，大学生每年就业"量"能够得到了很好的保证，但是如何提升"质"，仍是国家、高校及社会关注的重点。理解大学生更高质量就业，就要理解什么是"就业质量"。在过去的几十年里，国内外的专家、学者从不同的角度对大学生高质量就业的认识和看法是不同的。国际劳工组织总干事胡安·索马维亚，在1999年明确提出"体面工作"的理念，即"鼓励女性和男子在条件公平、安全性和个体尊重的环境下得到体面和有成效的工作机会"，而体面的工作则是国际劳工组织所有四个战略目标中的共同目标，包括促进工作能力、就业、工作环境和社会对话等。在2008年国际劳工组织的关于体面工作衡量三方专家讨论大会上，明确提出了评价体面工作的几个具体因素，如工作机会、劳动报酬、合理的工作时长、社交环境、工作稳定与安全性、公平的就业条件、舒适的工作环境、社会保障、社会说话（集体谈判覆盖率）及社会文化与经济发展状况。此后"体面工作"这一概念，成为就业质量的重要概念被普遍引入。部分国家、机构和专家学者据此深入探讨建立国家的就业质量评估系统。20世纪90时代后期，欧洲经济与社会委员会提出"就业质量"指标体系，该报告发布了加拿大、芬兰、法国、德国、以色列、意大利、墨西哥、摩尔多瓦和乌克兰九个国家的就业质量报告，欧盟将这一指标体系视为实现"全球最具竞争力的知识经济实体"发展目标的重要手段及途径，这一指标体系从就业的安全保护和道德规范、劳动取得的收入和福利、工作时间与日常生活的平衡、就业安全和社会保障、协商和谈判机制、技能发展与培训、员工关系及人际关系七个方面对就业质量进行了评估。

2022年，中国高等教育毕业生人数预计将达到1076万人，同比增加约167万人，将创下历史新高。从宏观层面上来说，更高质量就业要以充足的就业机会、平等的就业条件、优秀的就业能力、科学合理的就业结构、平等的劳动关系等为评价的客观准则，该看法也是最具备权威和代表性的官方解释。当然，不同的社会群体对于大学毕业生"高质量就业"的理解也是不相同的。省市就业主管部门及各级高校大学生就业负责人，根据毕业生对工作岗位的满意度、收入、协议就业率、灵活就业率等方面对高质量就业作出了解释，并提出"三高一低"（即工作满意度高、收入水平高、协议就业率高，灵活就业率低）的就业可以认定为高质量就业❶。目前，在国内大学生就业工作研究方面有一定影响力的社会研究机构及组织，结合大学生毕业半年后的平均就业率、月平均收入、工作能力与专业相关性、就业现状满意度评价、毕业时掌握的基本工作能力与水准等就业竞争力指标，对学生就业质量作出了定义与评价。而高校学生群体对于更高质量就业的认知，主要反映在就业状况评价方面，包括薪资福利、发展前景、行业氛围、工作压力、他人认可度等几个方面。由此，高校学生的高质量就业可以解释为：在坚持国家教育政策及高等教育规律的情况下，以相对公平的就业竞争条件为前提，高等教育学生一定时间内遇到丰富的就业机会，能够充分地发挥个人专长、满足社会需求，并在就业过程中得到与就职地区经济社会发达程度相符的竞争性收入和较大的心理满足感。更高质量就业具有以下特点：

一、扩大就业需求

结合社会及经济发展，结合市场需求，扩大就业选择岗位的数量及范围，提高毕业生就业率。一是以市场需求为主导，通过进一步优化培养计划，合理有效配置院校专业，着力改善专业供求比。二是提升毕业生专业能力及个人素养，提高劳动者需求弹性，推动高校学生在区域、企业、公司间平等流转。三是加强毕业生就业引导服务工作，拓展大学生就业通道，为毕业生求职创造更大帮助，提高初次就业率。

---

❶ 陶熠. 新创业教育体系构建与实践[J]. 高教学刊, 2022(4).

二、提升就业能力

培养学生个人特长，毕业生的高质量就业要着眼于培养学生的特长、兴趣和潜力，并做到大学毕业生综合素养和职业岗位的紧密融合。一是学以致用，提升岗位能力和学科的关联度，以体现教育培训人生价值，当学科和兴趣爱好、专长发生冲突时，就需要互相协调，以最大限度挖掘大学毕业生的人才价值。二是为满足社会需要，继续实施"订单式"人才培养，通过强化实践实训环节，加强专业技能训练和职务能力发展提高培养力量，进一步提升培养品质。三是将工作重心从就业指导向职务能力发展教育转化，支持大学生自身及早做出岗位规划，增强职业发展的预期契合度和对用人单位、职务发展的信心。

三、提升社会保障措施

保证毕业生社会收入水平，保证毕业生初次就业的收入水平不低于就业的年均工资水平，使毕业生能够通过就业实现温饱，提升受教育群体的市场价值。一是确立以"就职前3个月平均工资"或"就职三年内年终薪金水准"为标尺的高校毕业生就业起薪指标，以促使企业更加尊重高知识价值。二是根据"工资报酬增长速度和劳务生产率提高同步、增加工资报酬在初始配置中的比例"的规定，构建完善企业薪酬配置方案、薪资提升和给付保障制度。三是探讨确立以"社会保险参保率"为出发点的大学毕业生高质量就业保证目标，并逐步完善社会保险体制。

四、提高就业履约质量

促进大学毕业生在完全就职的基础上达到平稳求职，履约率高、辞职率低的高品质表现。一是继续提高离校时学生的协议就业率，维持较低的灵活就业率，以提高学生重新入职的自信和兴趣。二是明确毕业生职业发展路径，建立和谐的员工关系、完善的劳动关系机制，提高就业协议的履约质量，减少人员违约率、离职率。三是做好社会劳动力结构调整和遇到重大危机等状况下失业风险的应急防范机制与控制措施，维护社会就业稳定。

五、推进公平就业

推进公平、平等的就业机制及氛围，实现平等就业，积极促进各类人群就业起点平等、流程公正和结果公开。一是建立平等就业的法律制度，逐步废除对性别、身体条件、毕业学校、户口、年龄、工作经历等的限制性要求，减少求职壁垒，实现大学毕业生公平地进入市场竞争，推动普通高等学校毕业生的合理、高效流动。二是通过制定普惠的求职支持政策措施，进一步完善就业服务体系建设，为广大学生进行有效地引导与咨询服务，以提高就业竞争力。三是重视对弱势群体的就业机会保护，着重面向家庭经济困难、就学困难的高校毕业生和少数民族学生创造工作机会，并加大了政策保障力度。

六、鼓励毕业生自主创业

高校毕业生自出创业不但可以提供大量就业岗位、促进学生就业，同时更能依靠自主创业不断推动社会经济跨越式增长。一是积极推动高等教育教学变革，大力开展创新创业教育，培养大学生自身的创新创业能力与创业精神意识。二是进一步健全大学生创业支持制度，积极开展创新创业竞赛活动，逐步建立高校创业支持资金保障制度。三是进一步改善高校创新层次和与自主创新相关学科关联程度，激励和指导大学生开展研究性技术创新、智力型自主创新、科技型自主创新和服务式技术创新。

七、鼓励从事社会服务工作

为适应社会主义国家需求，鼓励大学生实现服务导向就业，提升大学生的服务意识，在就业时服从国家需求、报效家乡、回馈社会。高等学校应当为社会主义现代化建设提供服务，高校毕业生承担着发展社会主义现代化各项事业的责任。一是积极激励和带动毕业生积极投入国家的重大工程建设地区、项目，积极投身城市基层，并应征入伍服兵役。二是积极提高学生的综合素养，积极引导毕业生勇于应对高端职业挑战，进入国内或全球的一线公司工作。三是着力调整毕业生就业结构，以适应我国经济发展趋势，进一步增强毕业生的社会满意度。

第二节 | 大学生更高质量指标体系设计的原则

大学生就业质量的优劣，直接影响着高校的信誉度，同时也影响大学生的社会认可度，更事关我国社会稳定发展的大局。所以，对大学生就业质量做出客观评估并提高就业质量是政府、高校及社会必须重视的一项重要工作。

大学生就业问题包括了家庭、学校、社会和国家等各个层次，由于大学生的就业问题比较复杂，从就业质量出发对大学生就业情况作出评估比较合适，也能体现就业问题的真实情况。大学生更高质量就业的评价准则和维度对就业质量的研究发展具有决定性的影响，所以，建立合理的大学生更高质量就业评价体系意义重大，在更高质量就业评估指标和权重的制定设计时应坚持下列六个基本原则：

一、科学性原则

大学生更高质量就业评价指标，要尽量完整、科学、合理地体现大学生就业质量信息。就业质量的主体信息包含就业岗位数量、用工环境、劳动报酬、员工关系、劳动安全等。在教育实施指标制定中，一是要保持教育指标内容和要求的统一性，制定教育指标时要仔细地研究教育指标的实质和内涵，并找出关键因素，才能正确地体现教育指标内容。二是同一系统中各指标的兼容性，各指标相互之间应协调一致，从各个侧面体现教育指标的需要，切忌彼此抵触与矛盾。三是各指标间应保证相对独立性，原则上同一个系统中各指标之间不得重叠，也不得存在等价指标。

二、实用性原则

大学生更高质量就业评价指标是评价内容的载体，是大学生更高质量就业最直观的反映。构建大学生更高质量就业评价指标，要尽量做到简洁、实用，评价指标不要过于烦琐，应该能够简约明了地反映大学生就业质量状况。评价指标体系对评估人员具有必要的指导意义，例如，在以往的大学生就业质量评价中常将就业率作为评价就业质量的主要指标，该指标的选取导致学校或社会在进行大学生就业指导时盲目地注重就业率，而不考虑社会、专业、薪资等对就业的影响，不能真实反映大学生就业质量。因此，大学生更高质量就业评价指标应能够描述大学生的就业状况及目前环境、保障等对就业的影响作用。评价指标的选取、评价指标权重系数的设定、数据及调查资料的筛选、统计和计算等都必须以实用性为基础进行设立。

三、可衡量原则

评价指标在选择时必须要充分符合可衡量的原则，所选择的指标也必须能够得到相应的数据资料，并不是所有的指标都是能够量化的，在以往的评价指标体系中正是因为有些难以评估的指标而受到争议。而可量化的评价指标体系则是由若干可测量的要素组成的，在对评价指标体系的研究上，应当尽可能使用问卷式、行为化、操作化的语言，将评价指标体系分解成一个个能够直接判断的具体问题，以实现直接衡量与评价的目的。唯有如此，才能在实际评价过程中统一标准，让调查者能够通过调查结果，客观地反映出调查对象最本质的现象。

四、完备性原则

指标应充分表达整体性特点，评价指标不能够偏激，对于关键指标也不得遗漏。唯有如此，才能正确地表达总体目标的理念与特点，不然将引偏导向，使评价结果产生技术错误，甚至对操作人员造成人为误导，导致调查结果失真。但必须说明，指标的完备性原则并不排除将某些反映细节方面的指标进行删减，从而保证评价指标体系的简化，突出工作重点。

五、可操作性原则

指标体系的选择要具有可操作性，而且指标所包含的数据较为容易获取，因为大学生更高质量就业所包含的内容相对繁杂，选择的评价指标要具有多要素、多侧面、多层次性。指标数量过少，无法恰如其分地体现大学生更高质量就业的实际情况；指标数量过多，则信息过于复杂，给调查分析带来难度。评价指标的选择应简洁、方便、有效，尽可能考虑数据的易获性和可采集性。因此，设计指标应该做到：力求把握问题的要害，反映事物本质，并经过筛选，选取最具有代表性、说服力的评价指标，突出主体因素，加强概括性，适当兼容与归并，减少评价指标的数量。

六、代表性原则

评价指标代表性原则主要针对指标获取的各种渠道，大学生更高质量就业评价系统的建立是一个科学性很强的工作，需要认真倾听专家学者和教育从业人员的建议，但更关键的是深入听取高校毕业生、学校及企业的意见。让大学毕业生参与更高质量就业评价指标体系的建设，是因为大学毕业生直接面临就业问题，他们对就业质量高低最具有发言权，让学生参与评价指标体系制定，能够更加深入地了解目前的毕业生在面临就业过程中的关注点，加深对指标的理解，使指标的选择更加精准；让高校参与大学生更高质量就业评价指标体系的建设，主要是高校在大学生就业进程中起的关键性作用，高校是大学生就业目标最贴近的观察者，能够根据就业实际情况对自己课程和学科设计进行评估和改革，从而促进高质量就业；让企业参与大学生更高质量就业评价指标体系的建设，是因为企业了解目前社会的用工需求及对大学生的要求，通过大学生就业的情况能够反映就业及从业过程中的大学生群体的真实情况。因此，动员学生、学校和企业参与指标体系的构建，可以促进社会对大学生更高质量就业的关注，帮助大学生提高就业质量。

第三节 | 大学生更高质量就业的指标选取维度

大学生就业是一项复杂的社会现象，就大学生个体而言，他们的初次求职往往是在大学生学有所成，由理想迈向现实的唯一选择。从宏观上来说，就业问题与一个国家的经济状况、产业结构、国际形势及政策调整有着密切的关系。近年来，由于国际形势复杂严峻以及国内疫情的影响，给就业市场带来了一定困难，高校毕业生就业面临的主要困难是如何实现毕业生与企业需求的匹配，但经过各方面共同努力，就业局势总体保持基本稳定。

前文中已经论述了大学生更高质量就业是一个多维度、多层次的概念，因此在构建大学生更高质量就业评价体系时，应该尽可能地涵盖影响大学生就业质量的所有因素，通过对现有的文献资料进行深入的研究和分析，对当代大学生就业评价指标进行汇总及梳理，力求能够形成一个较为完善的系统，对大学生更高质量就业进行有效的评价，该系统主要从六个维度进行构建，这六个维度也是影响大学生更高质量就业的重要因素，具体如下：

维度一：就业机会。就业机会是指高校毕业生参加工作的难易程度，由于目前我国的教育水平不断地提升，大学生在就业过程中逐渐丧失了竞争的优势，虽然政府对于毕业生就业给予一定的优惠政策，但是社会的就业需求是稳定的，因此大学毕业生在获取就业机会时仍有一定的难度。目前影响就业机会的因素是多方面的，例如，社会能够提供的就业岗位数量、学校和社会提供的就业岗位及就业的单位性质是否符合毕业生个人的期望和预期，毕业生在就业时是否遭受不公平的竞争或受到不公正的对待，学校是否对大学生提供就业帮助及就业培训等。

维度二：就业发展。职业教育重点是在坚持公平、择优和自愿的基本原则下，让学生得到最合适、最满意的职业发展，并通过让学生具备更加扎实的职业发展平台，促使学生在实际工作中实现更大的能力提升。一般从以下几个方面来解释就业发展。一是人职匹配，即毕业生的自身的技能、特点、兴趣爱好、需求以及就职职位对人的需求之间具有关联性，能够做到学以致用、人尽其才。二是职业发展前景，毕业生从走出校门到成为一个职业人，在全面、扎实做好本职工作的基础上，也要了解职业的特点，是否具备提升的可能性。三是行业发展前景，就业岗位与社会、经济发展的趋势相匹配，初次就业岗位的行业背景及发展前景对大学生的更高质量就业具有一定的影响作用。四是晋升机制，指就业企业内部的晋升制度是否完备、健全，大学毕业生是否能够通过公平、公正、公开的机会获得职位或薪资的提升。

维度三：工作条件。工作条件指大学生实现职业发展所需要主观条件及客观条件。前者是指大学毕业生保持其劳动技能所需的主要条件，主要包含工作时间是否符合国家的相关规定，工作强度是否在个体能够承受的范围之内，工作量密度是否合适，所从事的岗位是否能够满足个人的需求，是否会给劳动者带来紧张感、劳累感和痛苦感等。后者则是指学生借以完成社会劳务中的地位和作用条件，即工作环境，这里主要是指劳动者在上班地点附近的物理条件，比如办公楼、工厂、生产车间等的面积大小、照明、通风、噪声等，是否存在安全及影响工作者健康的隐患。

维度四：劳动保障。劳动保障是指保证职工获得劳动权与关系正常运转的社会要求。用于评价劳动保障的主要指标有：一是工作岗位的稳定性，即毕业生是否愿意被用人单位长久聘用。二是劳动合同，即毕业生是否与就业单位签订了就业协议，是否能够正常履行。三是毕业生从事劳动所获得的固定工资，包含岗位工资、绩效工资、奖金、津贴等全部工资。四是工作福利，至毕业生在工作中获得的除固定工资之外的非现金奖励，如定期体检、团建提升等。五是基本保障，即用人单位能否为毕业生提供养老、医疗、工伤、失业、生育保险及住房公积金，用于保障劳动者的基本权利。

维度五：就业满意度。就业满意度是指大学生在求职过程中，所面临的周边环境，包括工作氛围、工作环境、工作方法、工作难度、挑战性以及工作中的人际关系等，所取得的最直观的心理感受。根据以往专家、学者对于工作满意度的研究成果，结合工作调研实践，可以从以下五个角度来衡量对就业的满意程度。一是个人满意程度，即毕业生在就职过程中的个人体会，比如工作方式和工作内容是否和本人的性格特点相符，从事的工作能否为自身成功提供机会等。二是和谐的人际交往，大学生参加工作并不仅为了赚钱或是获取看得见的成果，对大部分学生来说，工作本身还需要解决学生社会交往的基本需求，同事是否友好、领导是否和善等问题也成了大学生选择工作需要判断和考量的重要内容。三是对大学生对单位的归属感，指大学生通过一段时间的工作与磨炼，从心底认同公司的管理思想和公司价值观，并由此形成了强大的自我约束与使命感，从而充分调动了自身的内驱动力形成自我激励机制，最终与企业达成一致目标的效应。用人单位是否给大学生提供了人文主义的关怀，是否注重他们的职业发展空间，是否给予他们职业方面的关怀和帮助等，这些都能够增强大学生对企业的归属感。四是城市归属感，指大学生对就业城市的认可程度，城市的发展前景、地理位置、人文环境等都影响着大学生就业的选择。五是工作是否能够与家庭达成和谐一致，任何目标的达成，都是需要投入资源的，毕业生从事工作势必会占用个人的时间和精力，而时间和精力也需要在家庭中进行分配，不管倾向于哪一方面，都会造成工作与家庭的冲突，有些工作是无法满足毕业生照顾家庭的需求的，因此在就业时，需要大学生自己与家庭达成和谐一致。

维度六：职业获得感。职业获得感是指大学生通过就业，一方面创造了社会价值、获得了社会的尊重和认可；另一方面得到了经济收益和自我成长，并由此形成的满足感。职业获得感是指从业人员的主观意识和感受，一般可以用以下指标进行评价，一是职业声誉，它是社会对职位的客观评价判断，像医生、律师、教师等职业在社会上的职业声望较好，所以学生在就业和职业规划过程中，通常会考虑职业声誉较良好的职业。二是实现个人价值，即毕业生在工作中是否能够得到同事及领导的认同，能否有机会参加相关方面的工作决策，涉及职工活动、员工权益、员工对工作决定的影响、工人集体利益的代表权与发言权等。三是培训机会，指毕业生在工作过程中是否获得关于职业技能、工作能力等的培训机会，使毕业生在业务学习、交流中增强职业归属感。

综合上述六个方面的描述，可以发现在选取大学生更高质量就业评价维度时具有以下特点：第一，具体指标除包括工作稳定性、工资、生活基本保障、工作时间及工作环境等以外，更重视大学毕业生工作时间和生活之间的平衡、职业发展前景和与员工关系等信息。第二，评价指标体系中除了涉及更高质量就业的具体指标，也涵盖了社会对就业影响的指标，如就业难度、就业公平性、职业声望等，使评价指标更具完整性和全面性。

第四节 | 大学生更高质量就业指标体系构建

一、大学生更高质量就业评价体系构建方法

1. Delphi法

Delphi法亦称专家调查法，在20世纪50时代初期由美国兰德集团创始使用。该方法由调查者成立一个专业的科学预测组织，其中包含了一些专家学者和预测组织者，并根据规定的程序，背靠背地征求研究专家或学者对所研究问题的看法和判断，继而作出正确预测的方式。Delphi法解决了传统专家学者会面对面议决策的弊端，在科研调查中，专家学者彼此间不见面、互不交流，这也解决了在专家学者会面对面议决策中往往出现的专家学者们无法充分发表意见、权威人物的看法左右别人的看法等缺陷，各位专家学者可以真正充分地提出自己的看法。

Delphi法是进行结果预测时常用的方法，在实际运用中应当遵循以下原则：

（1）专家数量尽可能丰富，涵盖的范围尽可能全面，所选定的专家应具有一定的权威性、代表性。

（2）在进行预测之前，首先应取得参加者的支持，确保他们能认真地进行每一次预测，以提高预测的有效性[1]。

（3）问题咨询表设计时必须措辞正确，不要产生歧义，所征求的问题一次也不能过多，更不能询问一个和所预测目的完全不相干的问题，所列入咨询的问题不应该互相包含，所提出的问题应该是每个专家都能回答的问题，同时也应该尽量确保每个专家都能以同一个视角去理解。

（4）在统计分析过程中，应区别地对待各种类型的研究专家，针对各个研究专家的权威应赋予各种权数而非简单而论。

（5）提供给专家的信息应该尽可能地充分，以便其作出判断。

（6）只需要专家进行粗略的数值估算，并不需要非常准确。

（7）提问时要集中，要有针对性，不能过于散乱，以利于将所有事物形成一种有机总体，提问时要按层次进行，先简单后繁杂，先全面后局部，如此更易激起专家对解答问题的浓厚兴趣。

---

[1] 童林，章春松. "专家意见法"在电力企业审计管理的应用 [J]. 中国电力教育, 2012(3).

（8）调查小组观点不应强加于调研建议之上，应防止出现诱惑行为，以避免专业观点向领导组织建议靠拢，导致专家观点迎合了调查组建议的预测结论。

（9）避免组合事件。如果咨询问题在设计时包含专家同意的和专家不同意的两个方面，被调研专家将难以作出回答。

2. 层次分析法

层级分析法是把与决策相关的因素分解成目标、准则、因素等层级，在此层次结构模型的基础上进行定性和定量分析，从而获得调研成果的研究手段。该分析方法是由美籍运筹学专家匹茨堡学院博士萨蒂在20世纪70时代初期，在与美军国防工业部共同探讨"根据各个工业部门对国家福利的贡献大小而进行电力分配"这一问题时，应用网络系统分析方法和多目标综合评价理论，提出的一套决策分析方法。层次分析法的主要优点是在对复杂的判断问题的根源、控制因子及内部相互作用等因素加以深入分析的理论基础上，通过较少的量化数据将逻辑思维活动数字化，以便于对多指标、多准则或无结构特征的复杂问题进行判断，给出最简便的对策方式。

层次分析法既不一味地崇尚高深数理，也不片面地强调行为、逻辑、推论，而是将传统定量分析方法和现代定量分析方式有机地融合在一起，简化复杂的系统分析，既能使人们的思维过程简洁数理化、系统化，又易于为人们所接受，并将多目标、多准则而又无法全部定量处理的复杂决策问题变为各类单目标提问，再通过两两对比判断下一个层级因素与相应上一个层级因素的关联关系之后，进行综合数学运算，从而所得出简洁清楚的结论，更易于为决策者所理解和掌握。运用层次分析法应该遵循以下原则：

（1）在对调查问题进行分析时，要按照决策目标、相关的因素和决策对象的关联关系，划分成三个层次结构，其相互之间的关系从高到低分别是目标层、方案层和因素层。

（2）为增加判断的正确性，不能将各种要素放到一起比较，而是两两分别交叉比较，两两分析比较时采用相同的尺度，以尽可能减少性质不同的因素之间较难相互比较的问题。

为更有效地对大学生更高质量就业作出整体评价，并选取具有客观性、真实性、易获取、可衡量的指标体系，以客观的方式体现大学生更高质量就业的真实情况，本文在总结研究了大量文献成果的基础上，通过综合运用Delphi分析法和层次分析法，构建出了大学生更高质量就业评价的指标体系框架，具体实施步骤如图5-1所示。

（1）拟定调查提纲，确定调查的题目，结合理论研究和文献研究初步设计评价指标调查表，包括调查的目的、调查期限及填写方法及要求等。

（2）成立专家小组。

（3）对专家小组进行第一轮问卷调查，要求专家根据其所掌握的知识进行书面的答复。

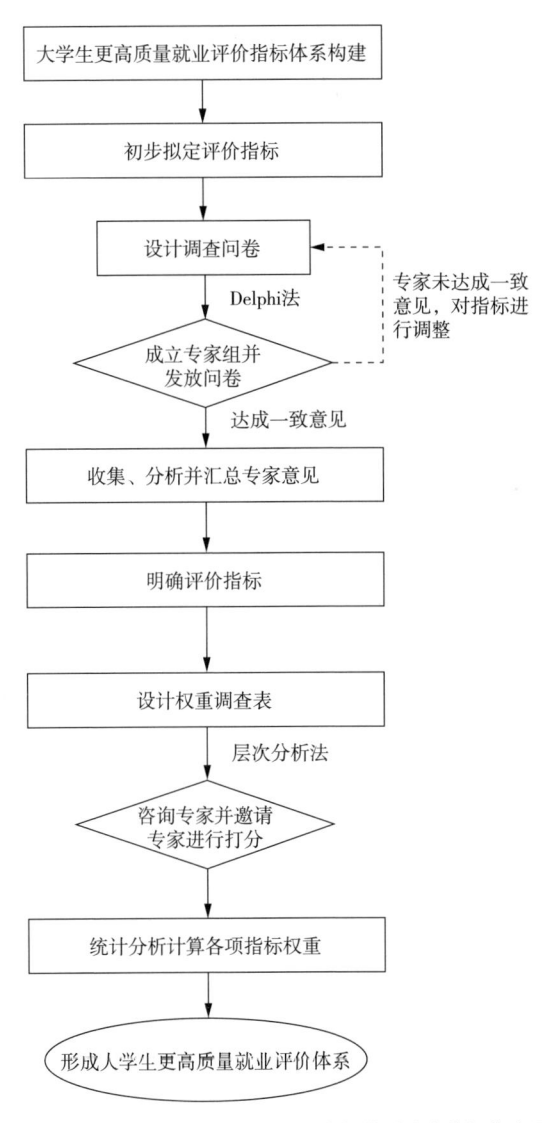

图5-1 大学生更高质量就业评价指标体系确定的操作步骤

（4）回收调研问卷，并将所有专家对第一次的问卷调查建议加以总结、梳理后，将所有专家第一次判断的建议整理生成表格，再经过整理确定全国大学生更高质量就业评估的一类指标和二类指标。

（5）对专家小组进行第二轮问卷调查，采用层次分析法让专家对评价因素两两对比打分，分别对一级指标与二级指标的重要性程度进行评估。

（6）将所有专家的评价意见收集、汇总并进行处理，得出大学生更高质量就业评价的判断矩阵表，以此作为计算各指标权重的判断矩阵。

二、大学生更高质量就业评价体系指标确定

1. 初始评价指标体系的建立

本文根据评价指标形成的理论基础和评价维度，采取定性评价与定量评价相结合的评价方法，形成大学生更高质量就业评价指标体系的基本构架。

一级评价指标根据大学生更高质量就业指标选取的维度确立，全面反映大学生就业的综合状况和本质特征，抓住影响更高质量就业的主要因素。同时，既要体现更高质量就业的"量"，又要体现更高质量就业的"质"。二级评价指标的确定，应充分体现更高质量就业的内涵，既表现整体就业率与国民经济紧密结合的具体发展情况，又要体现满足大学生要求的程度，即毕业生的主观满意度。

本文通过对以往的文献进行研究，对20名毕业生进行了访谈，这些毕业生的就业时长大部分为1~5年，他们刚刚接触社会，从年龄层面上既能够反映当代毕业生的心理特点，从就业和从业经历也能客观地反映目前社会的竞争现状，文章提取了在访谈过程中，毕业生提到的就业或择业过程比较关注的指标，并按照大学生就业评价指标的维度进行了分类和汇总，具体见表5-1。

表5-1 大学生更高质量就业初始评价指标设计

目标层	准则层	指标层	指标含义
大学生更高质量就业（A）	就业机会（B1）	就业难易度（C1）	就业岗位数量与就业人数比例
		一次就业率（C2）	毕业后就业人数占总人数比重
		初次就业岗位（C3）	初次就业岗位性质是否符合预期
		就业公平（C4）	就业条件设置是否公平
		学校培训和实习经历（C5）	学校是否对毕业生进行过就业相关的培训，是否对就业提供过支持及帮助

续表

目标层	准则层	指标层	指标含义
大学生更高质量就业（A）	就业发展（B2）	人职匹配（C6）	毕业生所从事的岗位是否与所学的专业匹配，是否与个人的性格相吻合
		职业发展前景（C7）	职业与社会发展的契合程度
		行业前景（C8）	行业与社会发展的契合程度
		晋升机制（C9）	在工作中获得晋升的机会
	工作条件（B3）	工作时间（C10）	毕业生每周的工作时长是否符合劳动法规定
		工作强度（C11）	工作劳动强度
		工作环境（C12）	工作场所的安全程度及舒适程度
		工作契合度（C13）	工作岗位与自身需求的契合度
		工作稳定性（C14）	毕业生是否愿意被用人单位连续稳定地雇用
	劳动保障（B4）	劳动合同（C15）	用人单位是否与毕业生签订了合法的劳动合同
		固定工资（C16）	月固定收入，包含税前工资、奖金、津贴等
		工作福利（C17）	现金及非现金形式的奖励
		基本保障（C18）	社会保险参保情况
	就业满意度（B5）	个人满意度（C19）	个人对于工作的整体满意度
		和谐的关系（C20）	上下级及同事时间的融洽程度
		单位归属感（C21）	对企业文化的认可程度
		城市归属感（C22）	对工作城市的认可程度
		工作家庭和谐（C23）	工作是否影响家庭社交
	职业获得感（B6）	职业声望（C24）	所在单位的性质、知名度、企业规模及在整个地区或行业中的排名情况
		实现自我价值（C25）	在工作中是否能够充分发挥自身的优势及特长
		培训等（C26）	用人单位是否注重培训，是否提供提升职业能力的机会及渠道

2. 大学生更高质量就业评价指标筛选

本书把初选指标制作成调查问卷，用Delphi法向14位专家或学者进行了意见征求。为了使调查结果更富有代表性，在成立专业小组时选择包含了高等院校从事毕业生就业指导多年的资深教师、政府就业主管部门负责人、管理学专家、社会经济学专家、用人单位高级管理人员及毕业生代表。专家调查与咨询工作共计开展了两轮，每轮结束后即按照专家建议调整指数，并将调整结论反馈给专家学者开展下一次评估使用。在选取评估数值时，参考了李克特量表，各指数按照"重要""比较重要""一般""较不重要""不重要"进行排序，并依次记以5、4、3、2、1的分值，由专家学者依据其对调查指标重要性的判断予以评价。调查问卷收集后对其进行编码并按照结果进行统计，若评价指标体系中有m个指标，参与调查的有n位专家学者，则将第i位专家学者对第j个指标的评价结果标注为X_{ij}。将所有统计结果汇总在一个分析表中，并对其进行变异系数计算，用来表示专家对评价指标选取的协调程度，具体实施步骤如下：

（1）集中度：用M_j表示。即专家对于第j级指标的评价均值（集中水平），也体现了该指标的重要性程度。

$$S_j = \sqrt{\frac{1}{n-1}\sum_{i=1}^{n}\left(X_{ij}-M_j\right)^2}$$

（2）离散度：用标准差S_j表示。即专家对第j个指标进行重要程度评分时，分值的离散程度。

（3）协调度：用变异系数V_j表示。

$$V_j = S_j / M_j$$

即专家对第j个指标评价的分歧程度，V_j越小，说明专家意见越趋于一致[1]。

$$M_j = \frac{1}{n}\sum_{i=1}^{n}X_{ij}$$

3. 第一轮专家问卷咨询及指标修正

第一轮专家问卷咨询中二级指标集中度及其变异系数见表5-2。

---

[1] 张海涛. 集群环境下企业营销绩效评价指标体系研究[D]. 杭州：浙江理工大学，2010.

表5-2 第一轮指标调查集中度及其变异系数

二级指标	集中度M_j	变异系数V_j	二级指标	集中度M_j	变异系数V_j
就业难易度	4.14	0.1859	工作稳定性	4.14	0.1859
一次就业率	3.79	0.2776	劳动合同	4.14	0.1859
初次就业岗位	4.50	0.1445	固定工资	5.00	0.0000
就业公平	3.43	0.3377	工作福利	4.50	0.1688
学校培训和实习经历	4.43	0.1459	基本保障	4.14	0.1859
人职匹配	4.14	0.1859	个人满意度	4.21	0.1903
职业发展前景	4.14	0.1859	和谐的关系	4.14	0.1859
行业前景	3.79	0.2575	单位归属感	4.00	0.2193
晋升机制	4.21	0.1903	城市归属感	3.36	0.3805
工作时间	4.14	0.1859	工作家庭和谐	3.36	0.3980
工作强度	4.07	0.1793	职业声望	4.36	0.1454
工作环境	4.21	0.1903	实现自我价值	4.50	0.1153
工作契合度	3.64	0.3159	培训等	4.14	0.1859

通过上表可以看到，绝大多数的二级指标都表现出良好的集中度（集中度≥4.0），具有较好的协调性，这说明专家对评价体系的基本面还是认可的，但仍有部分指标存在较大分歧（集中度＜4.0）。在第一轮专家问卷咨询中，专家在指标框架设计的整体逻辑性、具体指标的选取，特别是在二级指标的构造方面给出了较多的意见，综合专家的评审结果，主要有以下几点：

（1）在就业机会维度中，虽然指标的整体设计较为全面地概括了就业机会包含的内容，但在整体的框架设计上并不系统，将"就业难易度"和"一次就业率"列为综合指标并不恰当，这两个指标具有一定的相似性，且就业难易较一次就业率而言，能够客观地反映某专业或某行业的就业机会。考虑到就业或择业本身带有一定的竞争性，因此，不建议将"就业公平性"纳入就业机会维度中进行评价。

（2）在"行业前景"指标项中，不少专家认为该项并不能够直接、准确地加以量化，行业前景的好坏应当有具体的行为与表现侧面加以反映，专家认为这是一个主观性较大的指标，且在实际应用中不同的行业会有不同的理解，没有具体的衡量依据，建议删除。

（3）在工作条件评价维度中，部分专家学者认为"工作契合度"指标从本质上来讲，指就业人员所在的工作组织能够高效地运行，在这种条件下，员工被充分调动，为了客户利益和企业的成功竭尽全力。工作契合度指标是毕业生思想、感觉和行为的交集，将该指标作为工作条件的二级指标有明显的偏差，建议将该指标删除。

（4）专家对"固定工资"项和"工作福利"项的认可集中度较高，这两项指标也是衡量劳动保障的重要因素。专家认为，该两项指标实际上描述的都是毕业生在就业中所获得的最终报酬，具有重复性，可以将"固定工资"项和"工作福利"两项指标进行合并，将评价中指标名称改为"劳动报酬"，表征关系将更为密切。

（5）专家对"城市归属感"和"工作家庭和谐"指标的认识较为不一致，集中度较低。有的专家结合数据调研的结果认为多数毕业生对一线城市的归属感较强，一线城市就业机会多、公共服务设施相对完善，是毕业生就业和择业的首选之地，但是也有毕业生认为一线城市就业压力大，"户口""房子"等问题较难解决是影响毕业生就业的主要因素，该项指标对大学生就业满意度的影响呈现两种极端的状态，使被调查者不易作出明确的判断。对于"工作家庭和谐"指标，部分专家认为该指标较为笼统，针对性较差，建议将该指标去除。

本文根据层次分析法原理，同时结合专家意见，对大学生更高质量就业评价初始指标体系进行了调整及修正，将大学生更高质量就业评估系统按照层次的结构模型分成了三个基本层级，即目标层A、中间层B和指标层C。其中，目标层A体现目的，即"大学生就业质量"；一级指标层B是维度指标层（B1~B6）；二级指标层C为具体评价指标（C1~C18），层析模型如图5-2所示。

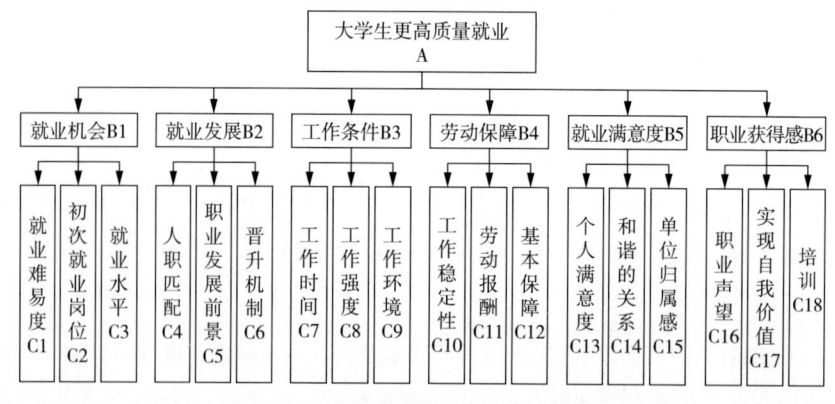

图5-2 大学生更高质量就业层次分析模型

目标层A：大学生更高质量就业A

一级指标层B：
- 就业机会B1
- 就业发展B2
- 工作条件B3
- 劳动保障B4
- 就业满意度B5
- 职业获得感B6

二级指标层C：
- 就业难易度C1
- 初次就业岗位C2
- 就业水平C3
- 人职匹配度C4
- 职业发展前景C5
- 晋升机制C6
- 工作时间C7
- 工作强度C8
- 工作环境C9
- 工作稳定性C10
- 劳动报酬C11
- 基本保障C12
- 个人满意度C13
- 和谐的关系C14
- 单位归属感C15
- 职业声望C16
- 实现自我价值C17
- 培训C18

三、大学生更高质量就业指标评价体系权重设定

1. 构造判断矩阵

大学生的更高质量就业评价指标较为复杂，各评价指标对更高质量就业影响是不同的，所以必须构建模型明确各评价指标的权重，方可对大学生更高质量就业作出准确的分析和评估。层次分析法，是一个把复杂问题拆分为不同层次的构成要素，然后将各要素相互之间按照相关关系构建成递阶层次模型，透过构建相同级别间各影响因素的两两判断矩阵，研究各影响因素间的相对重要性，从而得出各因素相对于总决策的重要性程度。在层次分析法中，各因素的重要性一般以1，2，3，4，5及其倒数来标注。若因素1相对应因素2的重要地位之比为 a，则因素2相对应因素1的重要性程度就是 a 的倒数，即 $1/a$。数值1~5可以理解为：①如果两个因素相比有着同等的意义，则取值为1；如果将前一个因素和后一个因素比较，前者比后者略微重要，则取值为2；如果前一个因素比后一个因素更明显重要，则取值为3；如果两个因素相比，前一个因素比后一个因素强烈重要，则取值为4；如果两个因素相比，前一个因素比后一个因极端重要，取值为5[1]；②两个因素反过来比较则用以上各数的倒数来表示。

本文采用层次分析法，对大学生更高质量就业影响因素的重要性程度进行了第二轮的专家调查，根据专家给出结果，得到了大学生更高质量就业指标两两判断矩阵，见表5-3~表5-9。

表5-3 大学生更高质量就业综合评价水平指标判断矩阵

项目	就业机会	就业发展	工作条件	劳动保障	就业满意度	职业获得感
就业机会	1	5/3	5/4	1	5/4	5/2
就业发展	3/5	1	3/4	3/5	3/4	3/2
工作条件	4/5	4/3	1	4/5	1	2
劳动保障	1	5/3	5/4	1	5/4	5/2
就业满意度	4/5	4/3	1	4/5	1	2
职业获得感	2/5	2/3	1/2	2/5	1/2	1

[1] 陈万明,徐国长,戴克清,等.新生代农民工就业质量评价体系[J].江苏农业科学,2019(11).

表5-4 就业机会评价指标判断矩阵

项目	就业难易度	初次就业岗位	学校培训和实习经历
就业难易度	1	5/4	5/3
初次就业岗位	4/5	1	4/3
学校培训和实习经历	3/5	3/4	1

表5-5 就业发展评价指标判断矩阵

项目	人职匹配	职业发展前景	晋升机制
人职匹配	1	1	5/3
职业发展前景	1	1	5/3
晋升机制	3/5	3/5	1

表5-6 工作条件评价指标判断矩阵

项目	工作时间	工作强度	工作环境
工作时间	1	4/5	4/5
工作强度	5/4	1	1
工作环境	5/4	1	1

表5-7 劳动保障评价指标判断矩阵

项目	工作稳定性	劳动报酬	基本保障
工作稳定性	1	5/4	1
劳动报酬	4/5	1	4/5
基本保障	1	5/4	1

表5-8 就业满意度评价指标判断矩阵

项目	个人满意度	和谐的关系	单位归属感
个人满意度	1	3/4	1
和谐的关系	4/3	1	4/3
单位归属感	1	3/4	1

表5-9　职业获得感评价指标判断矩阵

项目	职业声望	实现自我价值	培训等
职业声望	1	3/4	3/4
实现自我价值	4/3	1	1
培训等	4/3	1	1

2. 确定评价指标权重

得出大学生就业指标重要性判断矩阵后，通过SPSS软件，采用特征根法分别对一级指标及二级指标进行两两重要性判断矩阵进行计算，得出一级指标及二级指标的权重并进行一致性检验，从而得到各指标层相对上一层指标的重要性程度。各级指标的权重计算结果见表5-10～表5-16。

表5-10　大学生更高质量就业综合评价水平指标判断矩阵及权重

项目	就业机会	就业发展	工作条件	劳动保障	就业满意度	职业获得感	权重
就业机会	1	5/3	5/4	1	5/4	5/2	22%
就业发展	3/5	1	3/4	3/5	3/4	3/2	13%
工作条件	4/5	4/3	1	4/5	1	2	17%
劳动保障	1	5/3	5/4	1	5/4	5/2	22%
就业满意度	4/5	4/3	1	4/5	1	2	17%
职业获得感	2/5	2/3	1/2	2/5	1/2	1	9%
λmax=6，C.I.=0.00，C.R.=0.00<0.1，判断矩阵满足一致性检验，计算所得权重具有一致性							

表5-11　就业机会评价指标判断矩阵及权重

项目	就业难易度	初次就业岗位	学校培训和实习经历	权重
就业难易度	1	5/4	5/3	42%
初次就业岗位	4/5	1	4/3	33%
学校培训和实习经历	3/5	3/4	1	25%
λmax=3，C.I.=0.00，C.R.=0.00<0.1，判断矩阵满足一致性检验，计算所得权重具有一致性				

表5-12 就业发展评价指标判断矩阵及权重

项目	人职匹配	职业发展前景	晋升机制	权重
人职匹配	1	1	5/3	39%
职业发展前景	1	1	5/3	39%
晋升机制	3/5	3/5	1	22%

λ max=3.02，C.I.=0.00，C.R.=0.00<0.1，判断矩阵满足一致性检验，计算所得权重具有一致性

表5-13 工作条件评价指标判断矩阵及权重

项目	工作时间	工作强度	工作环境	权重
工作时间	1	4/5	4/5	30%
工作强度	5/4	1	1	35%
工作环境	5/4	1	1	35%

λ max=3.14，C.I.=0.00，C.R.=0.00<0.1，判断矩阵满足一致性检验，计算所得权重具有一致性

表5-14 劳动保障评价指标判断矩阵及权重

项目	工作稳定性	劳动报酬	基本保障	权重
工作稳定性	1	5/4	1	35%
劳动报酬	4/5	1	4/5	30%
基本保障	1	5/4	1	35%

λ max=3.08，C.I.=0.00，C.R.=0.00<0.1，判断矩阵满足一致性检验，计算所得权重具有一致性

表5-15 就业满意度评价指标判断矩阵及权重

项目	个人满意度	和谐的关系	单位归属感	权重
个人满意度	1	3/4	1	30%
和谐的关系	4/3	1	4/3	40%
单位归属感	1	3/4	1	30%

λ max=3.09，C.I.=0.00，C.R.=0.00<0.1，判断矩阵满足一致性检验，计算所得权重具有一致性

表5-16 职业获得感评价指标判断矩阵及权重

项目	职业声望	实现自我价值	培训等	权重
职业声望	1	3/4	3/4	28%
实现自我价值	4/3	1	1	36%
培训等	4/3	1	1	36%
$\lambda \max=3.17$,C.I.=0.00,C.R.=0.00<0.1,判断矩阵满足一致性检验,计算所得权重具有一致性				

结合以上权重，对各级指标权重新进行计算及整理，得到大学生就业质量评价指标权重，见表5-17。

表5-17 大学生就业质量评价指标权重

项目	一级指标		二级指标		组合权重
	指标	指标权重	指标	指标权重	
大学生更高质量就业（A）	就业机会（B1）	22%	就业难易度（C1）	42%	10%
			初次就业岗位（C2）	33%	7%
			学校培训和实习经历（C3）	25%	5%
	就业发展（B2）	13%	人职匹配（C4）	39%	5%
			职业发展前景（C5）	39%	5%
			晋升机制（C6）	22%	3%
	工作条件（B3）	17%	工作时间（C7）	30%	5%
			工作强度（C8）	35%	6%
			工作环境（C9）	35%	6%
	劳动保障（B4）	22%	工作稳定性（C10）	35%	8%
			劳动报酬（C11）	30%	6%
			基本保障（C12）	35%	8%
	就业满意度（B5）	17%	个人满意度（C13）	30%	5%
			和谐的关系（C14）	40%	7%
			单位归属感（C15）	30%	5%

续表

项目	一级指标		二级指标		组合权重
	指标	指标权重	指标	指标权重	
大学生更高质量就业（A）	职业获得感（B6）	9%	职业声望（C16）	28%	2%
			实现自我价值（C17）	36%	3%
			培训等（C18）	36%	3%

结果显示，大学生更高质量就业评价指标体系的权重值能够客观、真实地反映专家对评价指标的重要程度的意见，其中，就业机会在整个更高质量就业评价体系中占比较大，原因是近几年毕业生人数持续增加，大学毕业生与二次就业人员相比竞争性较弱，就业难度较大。其次，劳动保障也是影响更高质量就业的重要因素，但是相较于以往的毕业生看重薪资的特点，当代大学生更看重工作的稳定性及企业是否提供基本劳动保障。为了发挥大学生就业评价指标体系的作用，该结果也向参与调查的机构进行了反馈，以便各机构及组织采取合理的策略来提升就业质量。

第五节 ｜ 本章小结

不同的学者对更高质量就业的内涵及定义略有不同，本章结合国家的发展战略及国内外专家学者的研究，对大学生更高质量就业的内涵进行诠释。文章在就业质量及就业满意度研究的理论框架下，遵循科学性、实用性、可衡量性、完备性、可操作性、代表性原则，结合当代大学生的特点和就业质量评价维度及影响因素。首先，构建了大学生更高质量就业初始评价指标体系，该评价指标体系包含6个一级指标及26个二级指标。其次，成立了专家小组，采用Delphi法对评价指标进行了筛选及优化，明确了大学生更高质量就业评价指标的层次模型。最后，采用了层次分析法，对专家小组进行了第二轮调查，通过两两重要性判断，计算得出了每一个评价因素对评价目标的权重，从而得到了大学生更高质量就业评价指标体系。该评价指标体系包含6个一级指标及18个二级指标，综合考虑了大学生就业的机会、就业发展、工作条件、劳动保证、就业满意度和职业获得感，能够较为全面地反映大学生的更高质量就业状况。

06

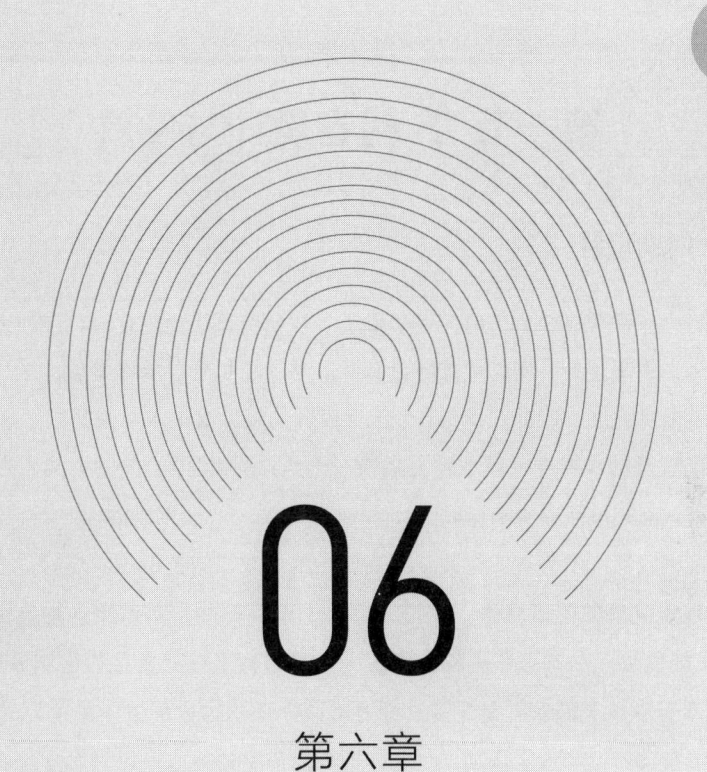

第六章

大学生更高质量就业的实证检验

第一节 ｜ 问卷设计与发放

一、问卷设计

本书研究在参考以往相关研究的基础上，以研究目标为立足点，在对大学生进行访谈的基础上编制问卷，问题更加贴近实际。从就业机会、就业发展、工作条件、劳动保障、就业满意度、职业获得感6个维度设计问卷（参见本书附录2），问卷分为基本情况、学校及初次就业、就业情况调查三个板块，共30个问题。问卷设计以指标体系为基础，问题按照评价指标设置。

为了确保收集样本的真实有效，提高问卷的信度，问卷设计完成后，小范围内试填收集，根据收集的调查结果，修订了部分问题。例如，有试填问卷者提出第6题"家庭所在地分类"感觉有些模糊，当前一线城市标准在变更且包含部分省会城市；按行政区划在市与乡镇之间缺少县；第8题实际在秋招后部分学生就已经确定工作了，部分是春招后，是否应该加上一个大四期间更全面等。经过讨论修改后，确定最终的问卷并正式发布。

二、问卷的发放与回收

问卷的发放通过网上微信平台进行发放，2022年7月19日到8月8日，3星期时间在微信上发布，征集调查结果，共收回问卷312份，有效问卷304份，无效问卷8份，问卷有效率为97%。

第二节 ｜ 量表信度效度检验

一、信度检验

本书研究运用SPSS软件对问卷的信度进行检验，并采用内部一致性指标Cronbach α系数来检验量表的信度。一般认为因素的Cronbach α值如果低于0.6则说明内部一致性较差，在区间（0.6,0.8）内表示内部一致性较好，0.8以上则表示一致性极好[1]。本文对问卷中的18项变量进行α系数检验，得到Cronbach α系数为0.769，表明问卷整体设计的信度较高，检验结果见表6-1。

表6-1 内部信度分析

项目	Cronbach's Alpha	基于标准化项的Cronbach's Alpha	项数
更高质量就业调查问卷	0.769	0.805	18

二、效度检验

量表效度检验是指对问卷测量结果的有效性进行检验，常见的效度测量是KMO和Bartlett球体检验。表6-2为KMO和Bartlett球形检验结果，显著性为0.000，表示拒绝各变量独立的假设，KMO值小于0.5，代表不适合进行因子分析，KMO值大于0.7代表因子分析结果较好，KMO值越接近1，说明量表题目间的共同因素就越多[2]。本研究量表的KMO值为0.859，说明本研究的有效性较高，适合进行因子分析。

表6-2 KMO和Bartlett的检验

KMO取样适切性量数		0.859
Bartlett球形度检验	近似卡方	1716.148
	自由度	153
	显著性	0.000

使用主成分分析法，按照最大方差法进行矩阵旋转，抽取特征值大于1的主因子，共5个。主因子个数与模型潜变量个数一致，方差累计贡献率达到60.560%。根据旋转后的成分矩阵来划分公共因素，并和研究设计的量表结构进行对比，分析得出因子对底层指标的综合反映效果良好，除职业发展前景因素外，各构成因子载荷值均大于0.5，说明该量表结构效度良好。表6-3为更高质量就业旋转后的成分矩阵。

---

[1] 张淼.大学生就业质量评价指标开发及其实证检验[D].西安：西北工业大学，2017.
[2] 马丛丛.大学毕业生就业质量的影响因素研究[D].杭州：浙江财经大学，2017.

表6-3 更高质量就业旋转后的成分矩阵

因素	因子 1	2	3	4	5
实现自我价值	0.828	0.085	0.132	0.006	0.010
单位归属感	0.801	0.079	0.175	0.006	0.095
技能培训	0.781	0.033	0.049	0.056	0.078
职业声望	0.761	−.008	0.096	−.006	−.121
个人满意度	0.751	0.058	0.165	−.052	0.168
晋升机制	0.671	0.005	−.157	0.171	−.010
工作环境	0.608	0.146	0.321	0.093	−.065
学校培训和实习经历	0.594	−.190	−.238	0.219	−.083
和谐的关系	0.577	0.016	0.082	−.040	0.226
基本保障	0.139	0.749	−.100	−.107	0.060
劳动报酬	0.063	0.683	0.033	−.054	−.017
就业难易度	0.017	0.654	−.104	0.312	−.088
初次就业岗位	−.177	0.577	0.028	0.503	−.043
工作强度	.090	−.013	0.857	−.061	0.046
工作时间	.189	−.153	0.819	0.102	0.003
人职匹配	.089	0.052	0.023	0.781	0.247
职业发展前景	.435	−.001	0.046	0.482	−.326
工作稳定性	.155	−.052	0.040	0.137	0.868

第三节 | 样本统计特征与变量描述性分析

一、样本统计特征分析

文章主要从性别、毕业时间、毕业院校类别、毕业生家庭所在地、专业实习经历五个方面进行样本统计特征分析。

由图6-1可以看出，参加问卷调查的毕业生中女性较多，占比59.2%，男性较少，占比40.8%。

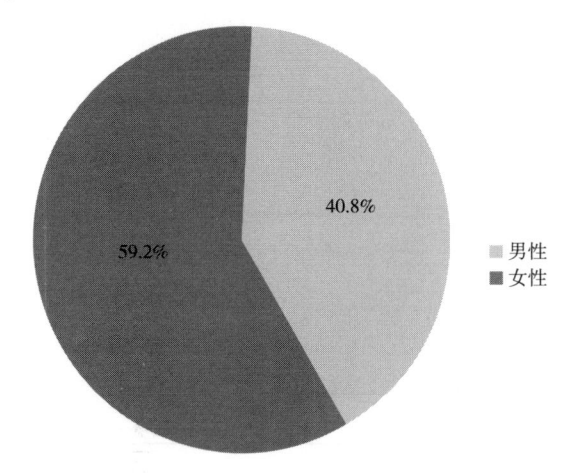

图6-1 毕业生就业性别分布情况

由图6-2毕业生毕业时间分布情况可以看出，参与问卷调查的毕业生毕业时间跨度较大，但相对集中在2016年至2022年，近5年的毕业生共有207人，2015年及以前年份的毕业生合计40人。

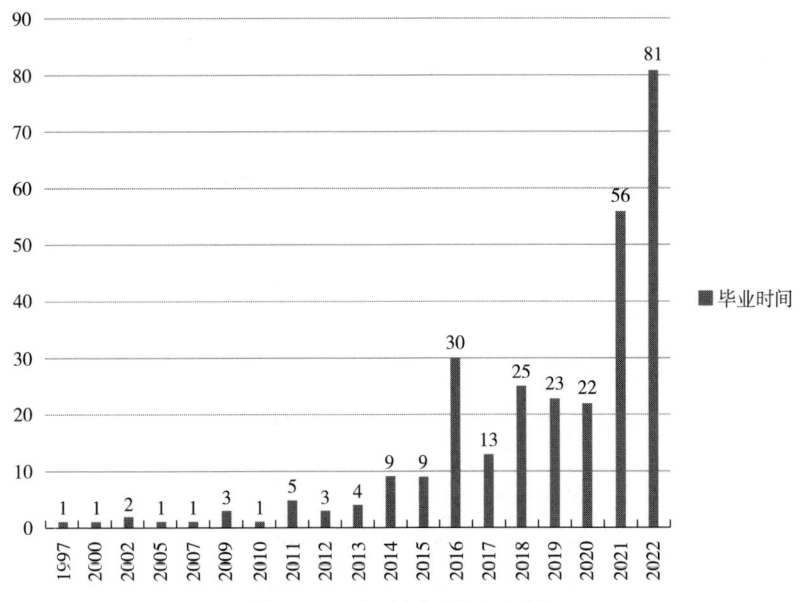

图6-2 毕业生毕业时间分布情况

由图6-3毕业生学校分布情况可以看出，参与问卷调查的毕业生中，普通本科毕业生人数最多，共178人，"211"和"985"院校、省重点院校、独立学院、民办高校和专科院校的毕业生人数分布较平均。

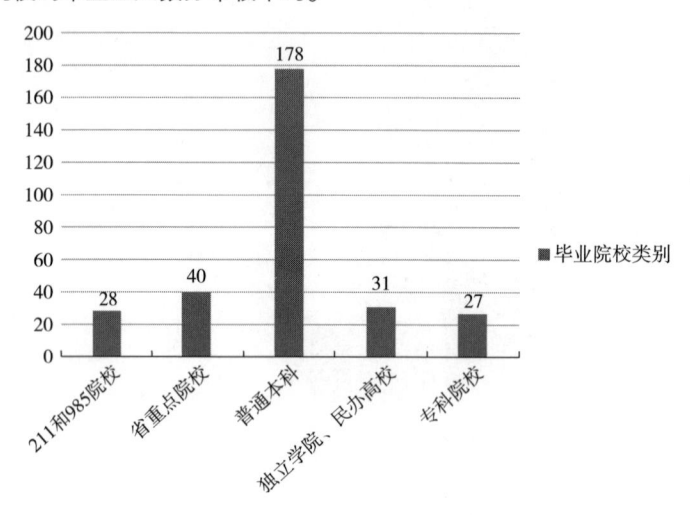

图6-3　毕业生学校分布情况

由图6-4毕业生家庭所在地分布情况可以看出，参与问卷调查的毕业生家庭所在地主要分布在直辖市、省会城市、普通城市、县城、乡镇和农村。其中大部分毕业生来自农村、普通城市和县城，只有少部分毕业生来自省会城市和直辖市，并且来自农村的毕业生人数最多，来自直辖市的毕业生人数最少。

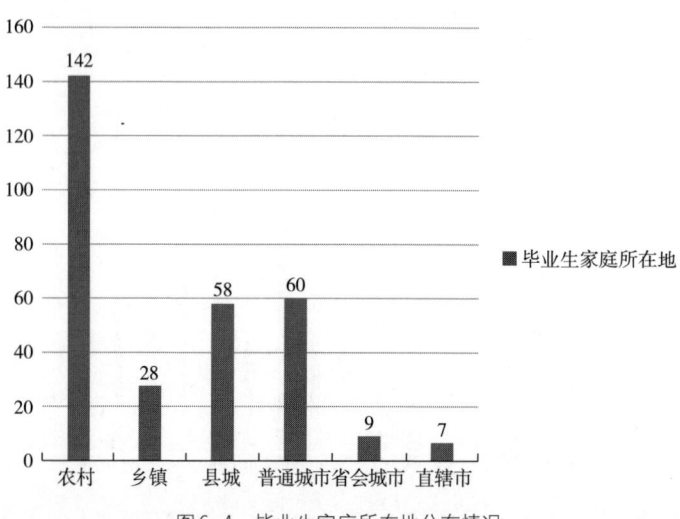

图6-4　毕业生家庭所在地分布情况

由图6-5毕业生专业实习经历情况可以看出，参与问卷调查的毕业生中，大多数有过专业实习经历。其中，累计实习3个月以内的毕业生人数最多，共100人；累计实习3至6个月的毕业生人数居中，共54人；累计实习6个月以上的毕业生人数较少，共32人；另有118名毕业生没有专业实习经历。

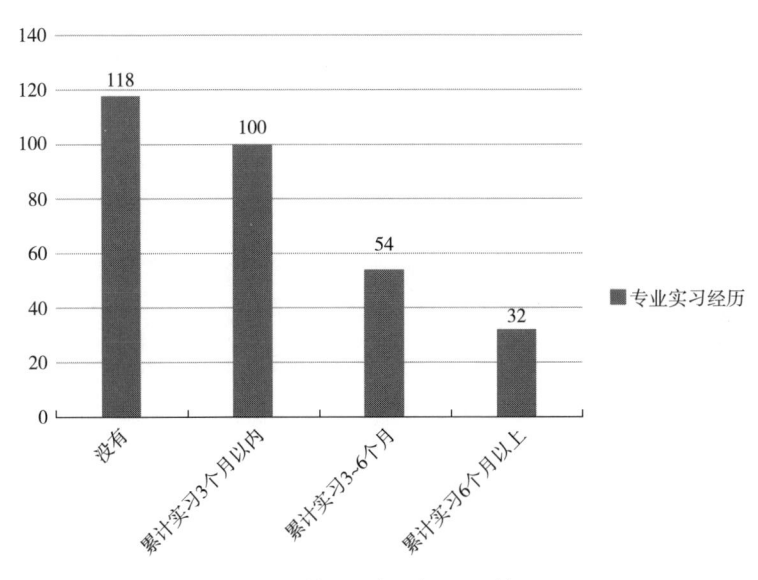

图6-5　毕业生专业实习经历情况

二、大学生就业情况统计

1. 就业机会相关变量描述性统计

对就业机会的衡量从就业难易度、初次就业岗位单位性质、专业实习经历和就业培训经历四方面进行描述性统计，就业难易度从毕业生找到第一份工作的时间与途径两个方面进行描述性统计。

（1）就业难易度描述性统计。从表6-4中可以看出参与问卷调查的毕业生中，接近一半的毕业生在毕业前找到第一份工作；25%的毕业生在毕业3个月内找到第一份工作；10.5%的毕业生在毕业6个月内找到第一份工作；7.6%的毕业生在毕业一年后找到第一份工作；仍有8.6%的毕业生至今未找到工作。这表明毕业生初次就业存在一定难度。

表6-4 毕业生找到第一份工作的时间

找到第一份工作的时间	数量	占比（%）	累计占比（%）
至今仍未找到工作	26	8.6	8.6
毕业一年后	23	7.6	16.1
毕业6个月以内	32	10.5	26.6
毕业3个月以内	76	25.0	51.6
毕业前	147	48.4	100.0

从表6-5中可以看出参与问卷调查的毕业生中，通过校园招聘会找到毕业后第一份工作的毕业生最多，占比26.6%；其次是通过网上招聘或新媒体，占比24.7%；通过父母亲戚或熟人介绍和通过公务员考试两个途径找到工作的毕业生占比均衡，分别为12.8%和12.5%；通过人力资源市场招聘会途径找到毕业后第一份工作的仅占比2.6%；还有20.7%的毕业生通过其他途径找到工作。这表明毕业生更倾向于通过校园招聘会和网上招聘的方式找工作。

表6-5 毕业生找到第一份工作的途径

找到第一份工作的途径	数量	占比（%）	累计占比（%）
校园招聘会	81	26.6	26.6
人力资源市场招聘会	8	2.6	29.3
网上招聘或新媒体	75	24.7	53.9
父母亲戚或熟人介绍	39	12.8	66.8
公务员考试	38	12.5	79.3
其他途径	63	20.7	100.0

（2）初次就业岗位单位性质描述性统计。从表6-6毕业生第一份工作的单位性质来看，36.5%的毕业生进入民营企业工作；23.7%的毕业生进入国有企业工作；10.9%的毕业生进入事业单位工作；10.5%的毕业生进入党政机关工作；极少数毕业生进入外资、港澳台投资企业工作和自主创业。这表明毕业生在初次就业时更倾向于进入某个单位工作，且进入民营企业工作的难度相比进入国有企业、事业单位和党政

机关工作的难度相对较低。

表6-6　毕业生第一份工作的单位性质

第一份工作的单位性质	数量	占比（%）	累计占比（%）
党政机关	32	10.5	10.5
事业单位	33	10.9	21.4
国有企业	72	23.7	45.1
外资、港澳台投资企业	8	2.6	47.7
民营企业	111	36.5	84.2
自主创业	5	1.6	85.9
其他	43	14.1	100.0

（3）专业实习经历描述性统计。从表6-7毕业生在大学期间专业实习经历情况可以看出，参与问卷调查的毕业生中，大多数有过专业实习经历。其中，累计实习3个月以内的毕业生人数最多，占比33.33%；累计实习3至6个月的毕业生人数居中，占比17.65%；累计实习6个月以上的毕业生人数较少，占比10.46%。

表6-7　毕业生在大学期间的专业实习经历

专业实习经历	数量	占比（%）	累计占比（%）
没有	118	38.8	38.8
累计实习3个月以内	100	32.9	71.7
累计实习3~6个月	54	17.8	89.5
累计实习6个月以上	32	10.5	100.0

（4）就业培训经历描述性统计。从表6-8大学生毕业生所在学校提供就业指导与就业信息情况来看，6项衡量学校提供就业指导与就业信息的指标中一般和较符合占比较多，不符合与较不符合占比较少。这说明大部分学校是重视为学生提供就业指导与就业信息工作的。

表6-8 毕业生所在学校提供就业指导与就业信息情况统计

学校提供就业指导与信息	不符合	较不符合	一般	较符合	完全符合
学校设有专门的学生就业服务部门	9.9	10.5	26.3	37.5	15.8
学校就业服务体系很完善	7.2	9.9	37.1	34.9	10.9
学校从大一开始进行就业培养	16.4	17.1	28.3	28.3	9.9
学校通过各方面为学生提供就业信息	8.2	6.6	27.0	41.4	16.8
学校有很多职业规划和发展方面的社团活动	8.6	14.1	32.6	32.2	12.2
学校很重视学生就业素质拓展训练	5.6	10.5	35.5	34.9	13.5

2. 就业发展相关变量描述性统计

对就业发展情况的衡量从人职匹配、职业发展前景、晋升机制三个方面进行描述性统计。人职匹配主要看毕业生的工作岗位与所学专业的对口程度，职业发展前景主要看毕业生是否有职业发展规划与发展路径是否清晰，晋升机制主要看工作是否有公正透明的晋升机制。

（1）人职匹配描述性统计。从表6-9工作岗位与所学专业对口程度来看，参与问卷调查的毕业生中，工作岗位与所学专业比较对口的毕业生最多，占比34.5%；很对口的占比16.1%；完全不对口与不太对口的共占比45.1%。这表明毕业生的人职匹配度一般，近一半的毕业生没有从事与所学专业对口的工作。

表6-9 工作岗位与所学专业对口程度

工作岗位与所学专业对口程度	数量	占比（%）	累计占比（%）
完全不对口	65	21.4	21.4
不太对口，但有关联	72	23.7	45.1
比较对口	105	34.5	79.6
很对口	49	16.1	95.7
不知道	13	4.3	100.0

（2）职业发展前景描述性统计。从表6-10职业规划情况来看，仅27.3%的毕业生有职业发展规划，且发展路径清晰；16.1%的毕业生无职业发展规划，发展路径也不清晰；12.8%的毕业生无职业发展规划，但发展路径清晰；43.8%的毕业生有职业发展规划，但发展路径不清晰。这说明大部分毕业生是有职业发展规划的，但发展路径并不清晰，职业发展前景不乐观。

表6-10 职业规划情况

职业规划	数量	占比（%）	累计占比（%）
无职业发展规划，发展路径不清晰	49	16.1	16.1
无职业发展规划，但发展路径清晰	39	12.8	28.9
有职业发展规划，但发展路径不清晰	133	43.8	72.7
有职业发展规划，且发展路径清晰	83	27.3	100.0

（3）晋升机制描述性统计。从表6-11工作有公正透明的晋升机制情况来看，一般和较符合占比较多，分别为33.2%和34.2%；完全符合占比13.5%；不符合和较不符合的分布均等，均为9.5%。统计数据表明毕业生从事的大多数的工作有公正透明的晋升机制，有利于毕业生的职业晋升。

表6-11 工作有公正透明的晋升机制

符合程度	数量	占比（%）	累计占比（%）
不符合	29	9.5	9.5
较不符合	29	9.5	19.1
一般	101	33.2	52.3
较符合	104	34.2	86.5
完全符合	41	13.5	100.0

3. 工作条件相关变量描述性统计

对工作条件的衡量从工作时间、工作强度、工作环境三个方面进行描述性统计。工作时间主要看毕业生平均每周工作的小时数，工作强度主要看毕业生一周内平均加班的天数。

（1）工作时间描述性统计。从表6-12毕业生平均每周工作小时数来看，平均每周工作小时数在40至50小时的毕业生最多，共有127人，占比41.8%；50~60小时和60小时及以上的合计占比35.2%；30~40小时和30小时以下的合计占比23.1%。与国家法定平均每周工作时间不超过44小时相比，可以看出超三分之一的毕业生的平均每周工作时间是超出国家法定平均每周工作时间的。

表6-12　平均每周工作小时数

平均每周工作小时数	数量	占比（%）	累计占比（%）
60小时及以上	45	14.8	14.8
50~60小时	62	20.4	35.2
40~50小时	127	41.8	77.0
30~40小时	51	16.8	93.8
30小时以下	19	6.3	100.0

（2）工作强度描述性统计。从表6-13一周内平均加班天数来看，不加班毕业生的人数最多，占比36.5%；其次是加班4天及以上的人数最多，占比18.1%；加班2天与1天的人数均衡，分别占比16.8%与16.4%；加班3天的人数最少，占比12.2%。可以看出，大部分毕业生在工作中是需要加班的，部分毕业生加班严重。

表6-13　一周内平均加班天数

一周内平均加班天数	数量	占比（%）	累计占比（%）
4天及以上	55	18.1	18.1
3天	37	12.2	30.3
2天	51	16.8	47.0
1天	50	16.4	63.5
不加班	111	36.5	100.0

（3）工作环境描述性统计。从表6-14工作环境情况来看，工作环境一般的毕业生人数最多，占比50%；工作环境好的毕业生人数占比29.9%；工作环境非常好的占比13.5%；工作环境不好与非常不好的合计占比6.6%。这表明毕业生的工作环境总

体来说一般。

表6-14 工作环境情况

工作环境情况	数量	占比（%）	累计占比（%）
非常不好	6	2.0	2.0
不好	14	4.6	6.6
一般	152	50.0	58.6
好	91	29.9	86.5
非常好	41	13.5	100.0

4. 劳动保障相关变量描述性统计

对劳动保障的衡量从工作稳定性、劳动报酬、基本保障、职工福利四个方面进行描述性统计。工作稳定性主要看毕业生毕业后变换工作单位的次数，劳动报酬主要看毕业生目前的月工资水平，基本保障主要看毕业生目前签订劳动合同和工作单位缴纳保险情况，职工福利主要看职工是否享受单位提供的各项福利。

（1）工作稳定性描述性统计。从表6-15毕业后变换工作单位的次数来看，从未变换工作的毕业生占比最多，为56.6%；变换三次以上的毕业生占比最少，为5.9%；变换工作单位次数一次至三次的毕业生合计占比37.7%。这表明毕业生工作稳定性不高，近一半的毕业生在毕业后变换过工作单位。

表6-15 毕业后变换工作单位的次数

变换工作单位的次数	数量	占比（%）	累计占比（%）
三次以上	18	5.9	5.9
三次	32	10.5	16.4
二次	44	14.5	30.9
一次	38	12.5	43.4
从未变换工作	172	56.6	100.0

（2）劳动报酬描述性统计。从表6-16毕业生目前的月工资水平来看，月工资水平在3500~5000元的毕业生占比最多，为34.8%；其次是3500元以下的毕业生占比

最多，为19.4%；5000～6500元的毕业生占比18.8%；6500～8000元与8000元以上的毕业生占比相等，为13.5%。可以看出在月工资水平3500元以上，随月工资水平的升高，毕业生占比逐渐降低，毕业生总体劳动报酬水平不高。

表6-16　月工资水平

月工资水平	数量	占比（%）	累计占比（%）
3500元以下	59	19.4	19.4
3500~5000元	106	34.8	54.3
5000~6500元	57	18.8	73.0
6500~8000元	41	13.5	86.5
8000元以上	41	13.5	100.0

（3）基本保障描述性统计。从表6-17签订劳动合同情况来看，未签订劳动合同的毕业生占比高达25.7%；签1年期合同的占比14.8%；签2年期合同的占比4.6%；签3年期及以上合同的合计占比54.9%。这表明单位对毕业生的基本保障一般。

表6-17　签订劳动合同情况

签订劳动合同情况	数量	占比（%）	累计占比（%）
未签合同	78	25.7	25.7
签1年期合同	45	14.8	40.5
签2年期合同	14	4.6	45.1
签3年期合同	88	28.9	74.0
签3年期以上合同	79	26.0	100.0

从表6-18就职单位缴纳保险情况来看，没有缴纳任何保险的占比11.8%；没有缴纳养老保险的占比17.4%；没有缴纳医疗保险的占比15.5%；没有缴纳失业保险的占比24.7%；没有缴纳工伤保险的占比21.1%；没有缴纳生育保险的占比31.3%。可以看出，部分毕业生没有享受到单位应提供的基本保障，基本保障不足。

表6-18 就职单位是否缴纳保险情况

保险名称	是 数量	是 占比（%）	否 数量	否 占比（%）
养老保险	251	82.6	53	17.4
医疗保险	257	84.5	47	15.5
失业保险	229	75.3	75	24.7
工伤保险	240	78.9	64	21.1
生育保险	209	68.8	95	31.3
其他补充保险	92	30.3	212	69.7
没有任何保险	36	11.8	268	88.2

（4）职工福利描述性统计。从表6-19职工享受福利情况来看，各项福利未享受的占比均较高，表明职工福利保障水平较低。

表6-19 目前职工是否享受职工福利情况

福利名称	是 数量	是 占比（%）	否 数量	否 占比（%）
定期体检，建立健康档案	183	60.2	121	39.8
带薪休假	159	52.3	145	47.7
住房补贴或集体宿舍	132	43.4	172	56.6
交通补贴	117	38.5	187	61.5
集体食堂免费或低价提供的工作餐	163	53.6	141	46.4
无集体食堂，有餐饮补贴	30	9.9	274	90.1
节假日福利	167	54.9	137	45.1
其他福利	81	26.6	223	73.4
没有任何福利	30	9.9	274	90.1

5. 就业满意度相关变量描述性统计

对就业满意度的衡量从个人满意度、和谐关系、单位归属感三个方面进行描述性统计。个人满意度主要看毕业生对目前工作的总体满意程度，和谐关系主要看毕业生目前所在单位与员工劳资冲突的情况，单位归属感主要看目前单位给毕业生带来的归属感情况。

（1）个人满意度描述性统计。从表6-20毕业生对目前工作的总体满意程度来看，感到一般的毕业生占比最多，为43.7%；感到满意的毕业生占比其次，为40.1%；感到非常满意的毕业生占比8.9%；感到不满意和非常不满意的毕业生合计占比7.3%。这表明只有近一半的毕业生对自己目前的工作总体上来说是满意的，就业满意度不高。

表6-20 对目前工作的总体满意程度

总体满意程度	数量	占比（%）	累计占比（%）
非常不满意	6	2.0	2.0
不满意	16	5.3	7.3
一般	133	43.7	51.0
满意	122	40.1	91.1
非常满意	27	8.9	100.0

（2）和谐关系描述性统计。从表6-21所在单位与员工没有劳资冲突情况来看，一般的占比为31.9%；较符合与完全符合的合计占比为58.2%；较不符合与不符合的合计占比为9.8%。这表明过半数的毕业生与单位的关系是相对和谐的，仍有部分毕业生与单位的关系是不够和谐的，就业满意度一般。

表6-21 所在单位与员工没有劳资冲突情况

符合程度	数量	占比（%）	累计占比（%）
不符合	18	5.9	5.9
较不符合	12	3.9	9.8
一般	97	31.9	41.8
较符合	100	32.9	74.7
完全符合	77	25.3	100.0

（3）单位归属感描述性统计。从表6-22单位带来很强的归属感情况来看，感到一般的毕业生人数最多，占比50.7%；较符合的占比30.6%；完全符合的占比10.5%；不符合与较不符合的合计占比为8.2%。可以看出超过一半的毕业生不能感到单位带来很强的归属感，就业满意度一般。

表6-22 单位带来很强的归属感

符合程度	数量	占比（%）	累计占比（%）
不符合	11	3.6	3.6
较不符合	14	4.6	8.2
一般	154	50.7	58.9
较符合	93	30.6	89.5
完全符合	32	10.5	100.0

6. 职业获得感相关变量描述性统计

对职业获得感的衡量从职业社会认可度、工作中自我价值的实现、技能培训能够满足预期情况三个方面进行描述性统计。如表6-23所示，三项变量均是感到一般的占比最多，分别为42.7%、45.7%、43.8%；较符合与完全符合的合计占比均在45%左右；三项变量感到不符合与较不符合的合计占比分别为6.6%、7.5%、12.9%。这表明毕业生的职业获得感不高。

表6-23 毕业生职业获得感相关变量统计

符合程度	不符合	较不符合	一般	较符合	完全符合
职业社会认可度很高	3.3	3.3	42.7	36.2	14.5
在工作中能够实现自我价值	3.6	3.9	45.7	34.2	12.5
技能培训能够满足预期	6.6	6.3	43.8	31.9	11.5

第四节 | 大学生更高质量就业的评价

一、大学生更高质量就业指数测算

对304个样本就业机会、就业发展、工作条件、劳动保障、就业满意度、职业获得感六个维度的问卷数据采用级差变换，进行标准化处理，以消除量纲[见公式（6-1）]。变换后的数据有统一的量纲，其最大值为100，最小值为0，所有数据在0~100之间变动[1]。

$$I_{ij} = 100 \times \frac{X_{ij} - \min(X_j)}{\max(X_j) - \min(X_j)} \quad (6-1)$$

式中：I_{ij}：第 i 个样本第 j 个指标标准化结果

X_{ij}：第 i 个样本第 j 个指标的数据

$\min(X_j)$：第 j 个指标的所有样本最小值

$\max(X_j)$：第 j 个指标的所有样本最大值

利用标准化后的数据，根据所得的权重，计算更高质量就业指数。

$Y_i = I_{i1} * 0.0906 + I_{i2} * 0.0725 + I_{i3} * 0.0543 + I_{i4} * 0.0505 + I_{i5} * 0.0505 + I_{i6} * 0.0303 +$

$I_{i7} * 0.0489 + I_{i8} * 0.0611 + I_{i9} * 0.0611 + I_{i10} * 0.0764 + I_{i11} * 0.0611 +$

$I_{i12} * 0.0764 + I_{i13} * 0.0515 + I_{i14} * 0.0687 + I_{i15} * 0.0515 + I_{i16} * 0.0234 +$

$I_{i17} * 0.0312 + I_{i18} * 0.0312$

二、不同类别大学生更高质量就业指数比较

1. 不同性别毕业生更高质量就业指数比较

从表6-24可以看到，男性毕业生的更高质量就业指数均值为57.782；女性毕业生的更高质量就业指数均值为56.348。男性毕业生的更高质量就业指数略微高于女性毕业生。

---

[1] 钱芳.农民工就业质量影响因素及其作用机理研究——以江西省为例[D].南昌:南昌大学,2014.

表6-24 不同性别的毕业生更高质量就业指数比较

性别	数量	最小值	最大值	均值	标准偏差	方差
男	124	23.88	87.11	57.782	13.090	171.348
女	180	16.67	84.38	56.348	11.318	128.103

2. 不同毕业院校毕业生更高质量就业指数比较

从表6-25可以发现，毕业院校越好，毕业生的更高质量就业指数越高。"211"和"985"院校毕业生的更高质量就业指数均值为58.269；省重点院校毕业生的更高质量就业指数均值为58.250；普通本科院校毕业生的更高质量就业指数均值为57.395；独立学院、民办高校毕业生的更高质量就业指数均值为56.302；专科院校毕业生的更高质量就业指数均值为51.280。

表6-25 不同毕业院校的毕业生更高质量就业指数比较

毕业院校	数量	最小值	最大值	均值	标准偏差	方差
"211"和"985"院校	28	16.67	84.38	58.269	14.080	198.254
省重点院校	40	30.64	87.11	58.250	13.219	174.749
普通本科	178	23.88	86.21	57.395	10.879	118.365
独立学院、民办高校	31	32.76	79.18	56.302	12.815	164.220
专科院校	27	34.89	85.75	51.280	13.978	195.372

3. 不同大学毕业时间毕业生更高质量就业指数比较

从表6-26不同大学毕业时间的毕业生更高质量就业指数比较来看，1997年至2015年参与问卷调查的毕业生人数较少，代表性不足，不进行比较；毕业时间从2016年至2022年毕业生更高质量就业指数整体差异不大。其中2017年毕业的毕业生的更高质量就业指数均值最高，为58.900；2018年毕业的毕业生的更高质量就业指数均值最低，为53.924。

表6-26 不同毕业时间的大学生更高质量就业指数比较

大学毕业时间	数量	最小值	最大值	均值	标准偏差	方差
1997	1	34.89	34.89	34.887	—	—
2000	1	68.90	68.90	68.904	—	—
2002	2	55.55	58.79	57.168	2.288	5.236
2005	1	58.90	58.90	58.896	—	—
2007	1	53.86	53.86	53.860	—	—
2009	3	54.79	63.95	58.307	4.937	24.379
2010	1	58.74	58.74	58.745	—	—
2011	5	37.03	72.49	53.705	12.640	159.781
2012	3	52.85	73.00	63.695	10.161	103.252
2013	4	47.60	75.96	56.978	12.978	168.423
2014	9	46.94	87.11	62.015	12.993	168.822
2015	9	29.12	65.63	54.202	11.420	130.426
2016	30	39.41	71.01	54.255	9.198	84.604
2017	13	16.67	82.53	58.900	18.165	329.952
2018	25	23.88	76.54	53.924	12.755	162.681
2019	23	33.08	73.53	55.546	11.903	141.686
2020	22	42.31	78.63	58.219	9.780	95.653
2021	56	25.33	86.21	57.112	13.367	178.666
2022	81	31.05	85.75	58.049	12.139	147.360

4. 不同学历层次毕业生更高质量就业指数比较

从表6-27可以发现，学历层次越高，毕业生的更高质量就业指数越高。职业技术教育毕业生的更高质量就业指数均值为44.269；专科毕业生的更高质量就业指数均值为53.796；本科毕业生的更高质量就业指数均值为56.692；研究生及以上学历毕业生的更高质量就业指数均值为60.035，呈现明显的递增趋势。

表6-27 不同学历层次的毕业生就业质量指数比较

学历层次	数量	最小值	最大值	均值	标准偏差	方差
职业技术教育	3	34.89	58.90	44.269	12.835	164.748
专科	23	35.39	85.75	53.796	13.717	188.159
本科	225	23.88	86.21	56.692	11.648	135.684
研究生及以上	53	16.67	87.11	60.035	12.454	155.093

5. 同家庭所在地毕业生更高质量就业指数比较

从表6-28可以发现，不同家庭所在地毕业生的更高质量就业指数差异不明显。普通城市和直辖市毕业生的更高质量就业指数均值较高，分别为61.084和61.063；省会城市和乡镇毕业生的更高质量就业指数均值较低，分别为53.610和53.617。

表6-28 不同家庭所在地的毕业生更高质量就业指数比较

家庭所在地	数量	最小值	最大值	均值	标准偏差	方差
农村	142	16.67	87.11	55.153	11.779	138.747
乡镇	28	31.05	71.11	53.617	10.922	119.292
县城	58	31.74	84.82	58.626	11.474	131.653
普通城市	60	23.88	84.38	61.084	12.180	148.356
省会城市	9	39.41	75.56	53.610	11.500	132.250
直辖市	7	25.33	86.21	61.063	18.337	336.254

6. 不同家庭收入毕业生更高质量就业指数比较

从表6-29可以看出，随家庭收入的升高，毕业生的更高质量就业指数总体呈上升趋势。家庭收入3万元及以下毕业生的更高质量就业指数均值为53.533；家庭收入3万~6万元毕业生的更高质量就业指数均值为57.490；家庭收入6万~10万元毕业生的更高质量就业指数均值为57.385；家庭收入10万~15万元毕业生的更高质量就业指数均值为58.829；家庭收入15万元以上毕业生的更高质量就业指数均值为59.592。

表6-29　不同家庭收入的毕业生更高质量就业指数比较

家庭收入	数量	最小值	最大值	均值	标准偏差	方差
3万元及以下	67	23.88	85.75	53.533	13.752	189.117
3万~6万元	94	32.76	87.11	57.490	10.260	105.261
6万~10万元	63	29.12	79.18	57.385	11.807	139.412
10万~15万元	37	31.05	75.96	58.829	10.446	109.125
15万元以上	39	16.67	86.21	59.592	14.338	205.584

7. 更高质量就业的卡方检验

通过卡方检验（表6-30），得出专业实习经历与找到第一份工作的时间之间具有显著性差异，签订劳动合同情况、一周内平均有几天要加班与对目前工作的总体满意程度之间具有显著性差异，上大学期间家庭所在地与第一份工作的单位性质之间具有显著性差异，性别与在工作中能够实现自我价值之间具有显著性差异。

表6-30　双变量皮尔逊卡方检验

项目	更高质量就业指标的卡方			
自变量	找到一份工作的时间	对目前工作的总体满意程度	第一份工作的单位性质	在工作中能够实现自我价值
专业实习经历	37.485 0.002	—	—	—
签订劳动合同	—	48.396 0.003	—	—
一周内平均有几天要加班	—	39.329 0.006	—	—
家庭所在地	—	—	58.113 0.05	—
性别	—	—	—	9.908 0.042

8. 通过卡方检验的双变量交叉列联表分析

（1）专业实习经历与找到第一份工作的时间。专业实习经历与找到第一份工作的时间之间具有显著性差异，从表6-31可以看出，累计实习6个月以上的毕业生在毕业前找到第一份工作的占比为68.8%；累计实习3~6个月的毕业生在毕业前找到第一份工作的占比为59.3%；累计实习3个月以内的毕业生在毕业前找到第一份工作的占比为46.0%；没有实习经历的毕业生在毕业前找到第一份工作的占比为40.2%。虽然随着累计实习时间的加长，在毕业前找到第一份工作的人数在减少，但是占比却在升高，说明专业实习经历时间越长，在毕业前找到第一份工作的可能性越高。

表6-31 专业实习经历与找到第一份工作的时间交叉列联表

项目	至今仍未找到工作	毕业一年后	毕业6个月以内	毕业3个月以内	毕业前	合计
没有	19（16.2%）	8（6.8%）	11（9.4%）	32（27.4%）	47（40.2%）	117
累计实习3个月以内	3（3.0%）	11（11.0%）	13（13.0%）	27（27.0%）	46（46.0%）	100
累计实习3~6个月	3（5.6%）	2（3.7%）	5（9.3%）	12（22.2%）	32（59.3%）	54
累计实习6个月以上	1（3.1%）	1（3.1%）	3（9.4%）	5（15.6%）	22（68.8%）	32

（2）签订劳动合同情况、加班与对目前工作的总体满意程度。签订劳动合同情况、一周内平均有几天要加班与对目前工作的总体满意程度之间具有显著性差异，从表6-32可以看出，签3年期及以上合同毕业生的工作满意度集中在一般、满意和非常满意；不加班毕业生对工作非常满意的占比最多，为12.6%。可见，签订劳动合同时间越长，一周内平均加班时间越少，满意度越高。

表6-32 工作满意度交叉列联表

项目		满意度					合计
		非常不满意	不满意	一般	满意	非常满意	
签订劳动合同情况	未签合同	1（1.3%）	6（7.8%）	34（44.2%）	27（35.1%）	8（10.4%）	76

续表

项目		满意度					合计
		非常不满意	不满意	一般	满意	非常满意	
签订劳动合同情况	签1年期合同	0（0.0%）	4（8.9%）	24（53.3%）	16（35.6%）	0（0.0%）	44
	签2年期合同	2（14.3%）	2（14.3%）	2（14.3%）	7（50.0%）	1（7.1%）	14
	签3年期合同	1（1.1%）	1（1.1%）	45（51.1%）	32（36.4%）	9（10.2%）	88
	签3年期以上合同	2（2.5%）	3（3.8%）	26（32.9%）	40（50.6%）	8（10.1%）	79
一周内平均有几天要加班	4天及以上	4（7.3%）	6（10.9%）	24（43.6%）	16（29.1%）	5（9.1%）	55
	3天	0（0.0%）	3（8.1%）	11（29.7%）	22（59.5%）	1（2.7%）	37
	2天	1（2.0%）	1（2.0%）	27（52.9%）	16（31.4%）	5（9.8%）	51
	1天	0（0.0%）	2（4.0%）	29（58.0%）	16（32.0%）	2（4.0%）	50
	不加班	1（0.9%）	4（3.6%）	40（36.0%）	52（46.8%）	14（12.6%）	111

（3）上大学期间家庭所在地与第一份工作的单位性质。上大学期间家庭所在地与第一份工作的单位性质之间具有显著性差异，从表6-33可以看出，家庭所在地为直辖市的毕业生第一份工作的单位性质为党政机关的占比最多，为37.5%；家庭所在地为省会城市的毕业生第一份工作的单位性质为国有企业的占比最多，为37.5%；家庭所在地为普通城市、县城、乡镇和农村的毕业生第一份工作的单位性质均为民营企业的占比最多，分别为31.7%、29.8%、35.7%、44.0%。可见，上大学期间家庭所在地为省会城市和直辖市的毕业生第一份工作多进入党政机关和国有企业，家庭所在地为普通城市、县城、乡镇和农村的毕业生第一份工作多进入民营企业。

表6-33 上大学期间家庭所在地与第一份工作的单位性质交叉列联表

家庭所在地	党政机关	事业单位	国有企业	外资、港澳台投资企业	民营企业	自主创业	其他	合计
农村	11（7.8%）	7（5.0%）	30（21.3%）	4（2.8%）	62（44.0%）	3（2.1%）	24（17.0%）	141
乡镇	2（7.1%）	3（10.7%）	7（25.0%）	1（3.6%）	10（35.7%）	0（0.0%）	4（14.3%）	28
县城	8（14.0%）	14（24.6%）	12（21.1%）	1（1.8%）	17（29.8%）	1（1.8%）	4（7.0%）	57
普通城市	8（13.3%）	8（13.3%）	17（28.3%）	2（3.3%）	19（31.7%）	0（0.0%）	6（10.0%）	60
省会城市	0（0.0%）	1（11.1%）	4（44.4%）	0（0.0%）	1（11.1%）	1（11.1%）	2（22.2%）	9
直辖市	3（37.5%）	0（0.0%）	1（12.5%）	0（0.0%）	2（25.0%）	0（0.0%）	2（25.0%）	8

（4）性别与在工作中能够实现自我价值。性别与在工作中能够实现自我价值之间具有显著性差异，从表6-34可以看出，男性完全符合的比例比女性高，女性较符合的比例比男性高，可见男性在工作中能够实现自我价值的可能性更高。

表6-34 性别与在工作中能够实现自我价值交叉列联表

性别	不符合	较不符合	一般	较符合	完全符合	合计
男性	7（5.6%）	5（4.0%）	52（41.6%）	38（30.4%）	23（18.4%）	125
女性	4（2.2%）	7（3.9%）	87（48.6%）	66（36.9%）	15（8.4%）	179

第五节 ｜ 问卷结果讨论

本研究采用问卷调查的方法对大学生更高质量就业进行实证研究，首先对调查问卷整体进行信度效度检验，得出问卷整体信度和有效性均较高的结论；其次从性别、毕业时间、毕业院校类别、毕业生家庭所在地、专业实习经历等5个方面进行样本统计特征分析，并从就业机会、就业发展、工作条件、劳动保障、就业满意度、职业获得感6个方面进行变量描述性统计；最后对不同类别毕业生更高质量就业指数和其他相关变量相关性进行分析，分析研究大学生更高质量影响因素。通过以上分析，得出以下结果：

第一，通过对大学生更高质量就业调查问卷中基本情况、学校及初次就业、就业情况调查三个板块数据分析，得出目前大学生就业质量一般，有待提升。其中，男性毕业生的更高质量就业指数略微高于女性毕业生，毕业院校越好、学历层次越高、家庭收入越高的毕业生的更高质量就业指数越高。

第二，当前大学生普遍存在就业难的问题，就业机会不多。主要原因有：一是新冠肺炎疫情影响下，行业不景气，经济发展放缓，企业对新员工的需求减少；二是校园招聘仍是毕业生求职的主要途径，其他招聘途径针对大学毕业生设置的岗位相对可能较少；三是由于我国民营企业数量较多，对毕业生的需求较多，为毕业生提供的岗位选择也较多，因此民营企业成为多数毕业生初次就业的选择，而其他性质的企业单位相对较少。

面对就业难的现象，值得一提的是，大多数毕业生在大学期间有过专业实习经历，对进入社会工作有一定的准备和预期，能够较快地转变身份、适应工作，且专业实习经历时间越长，在毕业前找到第一份工作的可能性越高。同时，大部分学校也是重视学生就业指导工作的，设有专门的学生就业服务部门，有完善的就业服务体系，能够在学生入学后就开始进行就业培养，开设就业指导的课程，为学生提供各方面的就业信息，举行职业规划和发展方面的社团活动，重视学生就业素质拓展训练。

第三，当前毕业生的职业发展前景不乐观，就业发展一般。原因主要有：一是毕业生从事的工作与所学专业不对口，学校学习的专业知识用不到工作中，或者说工作中用到的东西学校学不到，上学学什么与毕业后干什么的联系不再紧密；二是毕业生职业规划不明确，发展路径不清晰。

乐观的是大多数毕业生在工作中有公正透明的晋升机制，这对于毕业生来说是十分友好的，可以进一步调动毕业生的工作积极性与创新性，提高毕业生的工作满意度。

第四，毕业生的工作环境总体来说一般。大部分毕业生在工作中是需要加班的，部分毕业生甚至加班严重，平均每周工作时间严重超出国家法定每周工作时间。主要原因有：一是毕业生参加工作时间较短，工作经验不足，需要较多的时间来处理工作；二是单位分工可能不够合理，对新人分配较多的工作，致使毕业生加班较多；三是加班文化、"内卷"现象的影响，使毕业生为了加班而加班，导致工作时间延长。

第五，毕业生工作稳定性、总体劳动报酬水平不高，劳动保障一般。近一半的毕业生在毕业后更换过工作单位，主要原因可能是毕业生对初次就业或二次就业的工作感到不满意，所以进行再次就业。总体劳动报酬水平不高的原因有：一是毕业生当前的工作能力、创造的工作业绩有限，单位只能支付对应的工资报酬；二是当前新冠肺炎疫情影响下，企业发展面临较多困难，通过降薪、辞退职工等方式降低运营成本。签订劳动合同、缴纳保险和享受职工福利三方面数据均反映出单位对毕业生的基本保障一般，一方面是部分毕业生劳动保障意识不足，对单位不签订劳动合同、不缴纳保险的行为一无所知；另一方面是用人单位为降低人力成本，恶意不签订劳动合同、不按规定缴纳保险、不提供职工福利。

第六，毕业生就业满意度一般。签订劳动合同情况、一周内平均有几天要加班与对目前工作的总体满意程度之间具有显著性差异，签订劳动合同时间越长，一周内平均加班时间越少，满意度越高。因此，当前毕业生就业满意度不高的主要原因有：一是可能因为签订劳动合同、劳动报酬、福利待遇等与单位产生劳资冲突；二是可能因为工作加班、工作压力、工作环境、外地就业、工作挫折等在工作中没有很强的归属感。

第七，毕业生职业获得感不高，男性毕业生在工作中能够实现自我价值的可能性更高。主要原因有：一是毕业生所从事工作可能更多的是服务型岗位，社会认可度不高；二是毕业生在工作中的自主性可能较低，不能够充分地实现自我价值；三是单位为提高工作效率、降低人力成本，在日常工作中往往不能够提供足够的技能培训以满足毕业生需求。

第六节 ｜ 本章小结

本章在构建大学生更高质量评价指标体系的基础上编制问卷，首先介绍问卷设计与发放，量表信度效度检验；其次对从性别、毕业时间、毕业院校类别、毕业生家庭所在地、专业实习经历五个方面进行样本描述性统计分析，从就业机会、就业发展、工作条件、劳动保障、就业满意度、职业获得感六个维度的问卷数据采用级差变换，测算大学生更高质量就业指数，对不同类别毕业生更高质量就业指数和其他变量相关性进行分析，分析研究大学生更高质量就业实现的影响因素。

07

第七章

大学生更高质量就业的实现路径

大学生更高质量就业的实现需要政府、高校、用人单位和大学生自身互动协调，从政策层面引导和监督，高校从育人的角度重视学生能力培养，用人单位要能把大学生引进来，留得住，发展好，大学生自身是最具能动力的因素，就业质量的提升最终要落实到大学生群体中。因此，就业质量的提升是通过一系列内外部的联动治理来实现的。以实现大学生更高质量就业为核心，政府扶持政策和引导为助推，用人单位对大学生的引入培养的储备，高校开展理论与实践相结合的培养方式等，多方面群策群力地促进大学生更高质量就业。

第一节 | 政府角度的实现策略

一、政府制定扶持政策，合理引导大学生就业方向

大学生更高质量就业的实现，需要政策的支持和引导。首先，需要创造良好的宏观就业环境，发挥国有企业稳岗扩就业示范带动作用，理顺毕业生的就业体制，坚持市场化取向，淡化户口的约束力，促进劳动力市场化流动，为大学生"先就业，后择业"提供市场机制的保障。其次，鼓励高校毕业生到基层和艰苦地区工作。大学生"就业难"主要"难"在大学生想去一、二线城市就业，而西部地区或者乡镇就业的大学生比例很低，尽管国家出台政策给予优惠，但是选择去这些地方就业的比例依然很低。因此，在引导大学生转变观念，提倡服务基层、扎根基层的同时，也要加强基层建设，发挥乡镇、农村等基层单位的主观能动性，明确对各类专业人才的需求，制订有吸引力的人才引进计划，在住房、就医、子女入学、未来发展等各方面提供优质保障，吸引大学生去到基层、留到基层。除此之外，可以在大学生在校期间，利用暑期"三下乡"活动，让大学生更多地了解基层，理解基层工作的内容，从学以致用中让大学生有获得感。最后，新业态新模式对大学生就业的吸纳能力不容忽视。新冠肺炎疫情冲击下在线教育、互联网医疗等行业逆势蓬勃发展，焕发出极大的市场活力。同时，数字文化产业中的游戏、电竞、直播等行业对年轻人具有吸引力，政府应针对这些新兴行业制定、出台相关的就业保障政策与制度，保障毕业生的合法权益，为推

二、助力乡村振兴，建立大学生基层就业的机制

2022年高校毕业人数突破千万，在复杂多变的国际环境及新冠肺炎疫情的多重影响下，毕业生就业形势非常严峻。解决大学生就业问题，要和当前经济形势、国家战略结合起来。乡村兴则国家兴，结合农村发展的现实需要，电商直播等新兴就业方式，为去农村就业创业的大学生创造了更多新的岗位和机会。实施乡村振兴战略是中华民族伟大复兴的重要战略支柱。在全面推进乡村振兴的新阶段，农村对青年人才的需求强烈，大学生选择去农村就业恰逢其时。为此，建立大学生基层就业机制是必不可少的，制定以工作岗位为核心的薪酬体系，设立平时考核和年终考核人才考评机制，对表现突出的大学生，在公务员、事业单位考试中，给予一定的加分或同等条件下优先录取。农村需要人才，大学生来到农村后，要开办形式多样的专业知识学习班，在提升农村社区管理者、农民素质的同时，增加大学生来到农村工作的获得感与幸福感，让大学生在乡村振兴中发挥应有的作用。农村需要新技术和创新力，要积极引进大学生来帮助学习和使用这些新技术、新产品，利用数字技术和多媒体平台，充分发挥大学生在扶农助农、乡村旅游、农产品销售等方面的专业技能，拓展发展空间，真正做到学以致用，学有所用，让大学生的就业质量稳步提升，促进大学生主动拥抱当前的发展战略，在新农村建设中发挥力量。

三、优化创新创业环境，推进大学生就业新样态

完善"互联网+"就业模式的实现路径，对高校毕业生实行精准的就业指导服务，推进实现大学生就业的新样态。改善创新创业环境，出台大学生创业奖补政策，给予大学生创业企业营业执照等相关证件简化办理、税收优惠、房租减免等，降低大学生创业的资金、资源门槛，让更多大学生愿意创业、敢于创业，鼓励大学生自主创业对缓解就业压力，解决当下大学生就业难问题起到了补充作用。优化创新创业环境，推进创业文化建设。通过高校与社会机构合作的方式推行创业培训，对想要创业的大学生作出实践指导，对大学生的创业过程进行全程监督，让大学生在创业遇到问题时能够得到专业的帮助，尽快走出困境。联合有关单位建设大学生创业实践基地和孵化基地，因地制宜建设大学生创业园区，引荐、帮助青年创业项目进驻。同时，举办大学生创业大赛，对大赛中的优秀项目给予专项资金支持，营造鼓励创业的文化氛围，让

大学生提早了解创业所需具备的知识技能、心理素质等。创新创业是推动地区社会经济发展的重要因素，通过落实创业政策解读，做好法律咨询，降低资金贷款门槛，帮助大学生创业项目顺利开展，解决部分大学生就业问题的同时还能创造更多的就业岗位与社会价值，带动社会经济发展。

四、营造良好社会氛围，帮助大学生树立正确就业观念

随着社会竞争压力的加大，良好的社会氛围、正确的就业观念是提高大学生就业质量的重要因素。政府要重视大学生求职就业工作，增设社会公益性岗位，举办线下招聘会，出台硕博人才引进计划，对返乡工作的大学生给予住房补贴，对招录大学生的用人单位给予税收优惠、社保资助资金等。要充分利用网络线上媒体的力量，投放公益性广告，录制播放大学生就业宣传短视频，加强对各类招聘软件的管理，提高用人单位线上招聘的准入门槛，帮助大学生规避在求职中可能会遇到的不良企业，营造风清气正的大学生就业环境。要帮助大学生树立先就业、再择业的就业观念，让大学生明白步入社会不是学习生涯的结束，而是又一个新的开始，并且是更加综合、更高难度的学习过程，在这个过程中必将经历更多的坎坷与挫折，但这都是成长过程中必经的过程，要保持一颗平常心，持续脚踏实地地去付出努力。要加大劳动者权益保护法的宣传推广，让大学生明确自己在工作中应当享受的合法权益，当权益受到侵犯时，能够通过合理正确的方式来维护自己的合法权益，避免遭受更大的损失。

第二节 ｜ 用人单位角度的实现策略

一、改善福利条件，保障大学生的劳动权益

用人单位作为大学生就业的终端，在选人和用人方面，要做好劳动基本权益保障。在访谈和问卷调查中发现，大学生普遍不愿意加班，而考核指标和工作的强度又使得大学生只能接受加班，较大的工作压力与超长的工作时间容易引发职业倦怠感，造成较低的工作满意度。另外，签订保险、缴纳社保和福利待遇的问卷调查结果也表明，当前企业对大学生的劳动权益保护也是不充分的。从市场供需关系来看，大学生的数量连年增加，这种情况使大学生在劳动力市场中的议价能力有所减弱，用人单位

必须规范用工条件，认真贯彻实施《中华人民共和国劳动法》《劳动就业促进法》等一系列法律条例，将就业基本权益和更高质量就业落到实处。因此，用人单位应当建立完善的选人用人与职工劳动权益制度，按照劳动者权益保护法的相关要求，与大学生签订劳动合同，缴纳养老、医疗、工伤、失业等保险，有条件的单位还可以为员工缴纳住房公积金、职业年金，定期进行职工体检，合理分配工作任务等，充分保障大学生的合法权益与身心健康，让毕业生没有后顾之忧，安心工作。除此之外，用人单位要制定合理的薪资晋升制度，定期举办专业技能培训，在工作的同时给予大学生不断地去学习进步的机会，让大学生不仅看得到当前的收入，也能够看得到未来的发展，真正做到引得进人才、留得下人才，实现用人单位与大学生的共同发展。

二、明确用人需求，加强校企合作

企业作为一个创造社会财富的个体，对大学生的需求是源源不断的，每年都需要去招聘所需的人才。大学生作为社会的新鲜血液，理论知识扎实、学习能力强，是企业实现进步、谋求发展的必要条件。但实际招聘中，许多中小企业对当前大学的专业设置不够了解，对大学生在学校学习的专业知识不够清楚，因此，辛苦招聘来的大学生与设置的岗位不能充分匹配，对于新招聘进来的大学生往往也没有进行专业的岗前培训，以至于出现刚入职就离职的现象，造成大学生与用人单位都苦恼的结果。这一问题产生的本质是理论与实践之间存在差距，解决这一问题最好的办法就是校企合作，让理论与实践进行充分的融合。企业向学校表明实践中所需人才需具备的专业知识与素养，在学校对学生进行培养的过程中，让学生通过专业知识学习和社会实践对自身和未来工作有更深的认识和理解，促进大学生个人价值与社会价值的统一。让大学生在毕业走上工作岗位时，既具备扎实的理论知识，也能够为企业一线生产服务。同时，校企合作中企业也要承担一定的社会责任，愿意投入资源去培养人才，人才的培养与企业的发展也是相互促进的。大学生就是企业未来发展的储备人才，能够为企业服务的大学生是企业未来创新发展的希望，经过实践中亲身经历，大学生能够对学习的知识产生全新的理解与认识，掌握知识在实践中运用中需要注意的细节和方法，对企业实现更高层次的发展起到关键作用。

三、营造良好的文化氛围，创建和谐的劳动关系

人才是知识经济时代参与竞争的基础保证，大学生年轻富有活力，已经具备专业

知识技能，用人单位建立良好的企业文化，营造以人为本的就业环境，创建和谐的劳动关系。首先，公平合理的薪酬制度能够让大学生获得稳定的薪酬和福利，可以有体面的工作和生活，提高就业满意度和实现高质量就业。其次，大学生的良好发展不仅关乎用人单位的短期发展，也是用人单位未来高素质劳动力的储备。知识更新迭代日新月异的今天，保持持续的学习能力是必备要求，通过职业技能培训让大学生在工作中得以提升，也能够通过不断学习，感受自我能力的提升，从而获得满足感。培训也是用人单位提升工作效率，增强行业竞争力的途径。创造良好的工作氛围，能够极大地激发大学生的创新创造力，使用人单位蓬勃发展，为员工晋升提供职业发展通道。最后，营造畅所欲言的工作环境，大学生就业很多都在基层岗位，而很多改革创新也来自一线，倾听来自一线的声音，有利于公司政策的制定，更好地激励员工投入工作。民主平等的工作氛围，让员工的参与感增强，建立开放的沟通体系，能够使大学生更快地在工作中成长。更高质量就业不单是可以看见的薪酬福利等，还有内化于心的自我提升与发展，用人单位所倡导的文化理念，将个人与单位更好地融合在一起，增强大学生的归属感和认同感。

四、注重人文关怀，肯定员工价值

随着社会竞争的日渐激烈，工作压力与日俱增，加之现在大学毕业生多为"90后"独生子女，他们对用人单位的管理水平提出了更高的要求，人文关怀则是用人单位提升管理水平的关键因素。人文关怀要求用人单位充分认识到员工的作用与价值，以企业营利为中心转变为以员工为中心。用人单位要坚持"以人为本"的管理思想，从思想、工作、生活、家庭等多方面加强对大学生的人文关怀，帮助大学生形成自信乐观、积极向上的工作与生活态度，营造出关心大学生、尊重大学生的良好氛围。要对大学生进行科学管理，对入职的大学生实行"一对一"帮带管理，定期举办大学生员工座谈会，了解他们的工作动态与内心想法，针对遇到的困难及时给予帮助，帮助大学生尽快融入集体、适应工作，完成学生到社会人的转变。同时，要敢于选人用人，根据招聘大学生的专业与能力，适时给予有一定挑战性的工作任务，给予一定的工作自由度，要鼓励大学生进行工作创新，对能够发挥长效作用的创新点进行现金奖励，进一步调动大学生的工作积极性与主动性，增强大学生的工作幸福感、获得感与安全感，让大学生与单位共同进步与成长。

第三节 | 高校角度的实现策略

一、适应市场变化，提升就业服务能力

社会需要什么人才，高校就培养什么样的人才。高校应充分认识到自己在培养人才中发挥的关键作用，明确人才的培养目标，不能因为历史原因、办学条件、学生生源等因素而不明确人才培养目标，或者统一人才培养目标，必须根据自身的办学条件与学生的学习能力进行准确的定位，明确培养应用型还是研究型人才的目标，避免出现学生的学习能力与培养目标不符的情况，导致出现学生学不懂、加剧就业难的现象。高校应当意识到当前社会对应用型人才的需求较大，而供给却是相对短缺的，因为学生在学习中缺少理论知识与社会实践的结合，因此高校要以时代精神和社会发展的人才观、质量观和教育观为先导，科学定位学科方向，合理布局专业结构，完善课程体系建设，深化教学模式改革，进一步满足和适应社会经济发展的需要。要使高校人才培养与社会需求相协调，利用大数据技术，根据高校的人才培养计划与用人单位的招聘信息，建立智能化的人才供给需求平台，对人才培养与需求进行动态化监测，帮助高校合理调整人才的培养目标与计划。同时，高校可以选派教师深入用人单位进行调研，也可以邀请业内专业技术人员到学校进行课程设置指导，及时更新专业课程的教学内容与教学方式，实现高校与用人单位的信息深入沟通，明确高校的人才培养目标，满足用人单位的人才需求，更好实现人才的培养与大学生的顺利就业。

二、推进改革措施，促进大学生更高质量就业

从1999年高校开始扩招起，大学生的数量快速增长，随之而来的就业难问题也越发突出。大学生的就业率成为全社会关注的问题，同时，就业质量下降也开始凸显。在适应调整过程中，大学生"慢就业"现象增多，出于多种原因暂缓就业。因而，高校在重点关注就业数量时忽略就业质量的提高。毕业生就业率是教育部评估高校办学水平的重要指标，政策的引导也使高校将更多的精力用在促进毕业生就业上，就业质量则放在相对次要的位置。可以说，单纯以就业率作为指标无法全面客观评估大学生的整体就业情况，就业率高并不能代表更高质量的就业，在一味追逐就业率的指标衡量下，很容易出现低层次就业和就业质量的下降。

建议从多维度考察高校的办学水平，不仅仅是毕业生就业率。高校是人才培养的摇篮，培养出色的人才是高校的责任与任务，通过人才培养实现人才与工作岗位的完美匹配是高校追求的目标，实现人尽其才是最理想的人力资源配置。要建立科学完备的数据化人才信息管理系统，通过对学生专业能力、兴趣爱好、就业意向等信息的收集分类，便于对大学生求职就业进行专业性的指导与就业信息的精准推送，方便大学生与用人单位之间沟通交流。要搭建信息完善、便于操作的就业信息平台，便于用人单位通过信息的筛选与查找，找到单位需要的专业人才，根据平台后台信息的反馈，高校可以分析人才培养与岗位需求之间的差距，及时调整课程的设置与教学的方式，密切与用人单位的合作，实现用人单位与高校的良性互动，减少就业市场中的信息不对称问题导致的就业难现象，降低用人单位在招聘人才方面的支出，实现人才与岗位的合理匹配。

三、调整专业设置，做好就业指导

经济发展的同时出现了节能环保、新一代信息技术、高端装备制造等新兴行业，这些新兴行业对专业人才的需求巨大，而求职者却相对较少。高校在人才的培养过程中，不能一成不变，应时刻关注社会的发展与动态，主动适应社会的变化与用人市场的需求，及时进行专业的结构性调整，教学内容的更新，为社会的发展供给所需的人才。要积极主动与用人单位沟通对接，深入开展调研，明确用人单位对各类人才需求的变化，培养符合社会需求的人才。明确同一行业不同层次的用人单位对人才需求，合理设置专业课程，实现大学生的分类就业，缓解就业压力，降低就业难度。同时，要充分重视大学生就业指导工作，开设大学生就业指导课程，在不同的学年循序渐进地让大学生进行就业知识的学习，让学生对自己有一个充分的了解，认识到自身的特点与长处，了解当前用人单位的需求与工作岗位的要求，找到自身能力与用人需求的结合点，高校还可以在公共就业辅导课的基础上，有针对性地给学生提供差异化，个性化的辅导，帮助大学生树立正确健康的就业观念，对未来逐渐形成清晰可行的职业规划。积极组织学生进入用人单位进行专业实习，将理论知识运用在实践中，帮助学生尽早地去认识岗位、适应工作、融入社会，进一步明确未来的求职方向。要加强实践教学环节，让学生感受到学到的理论知识是如何在实践中进行运用的，是如何解决实际问题的。

四、提高学校声誉与影响力

学校的层次对大学生的就业质量也会产生影响。教学质量越好、高校声誉越好、层次越高，会无形中增加毕业生在就业市场中的竞争力，优质的用人单位也会更愿意来到高校进行招聘。因此，高校要树立先进的办学理念与方向，提高自身的教学质量，优化人才培养计划。教学质量的提高并非一蹴而就，需要高校制订详尽的教学方案，严把教师招聘关，提高学校师资水平，并严格落实教学计划，定期对教学质量进行测评考核，通过逐年的积累，逐步实现教学质量的提升。要加强学科建设，与外部其他高校、专业机构、用人单位进行合作设立学生培养基地，突出办学特点，打造属于自身的王牌专业，坚持以学生为本，重视学生理论培养的同时加强对学生实践能力的培养。要积极鼓励组织学校教师与学生参加各种学术活动与比赛，争取获得优异成绩，扩大学校的知名度，充分利用信息技术手段、官网平台、微信公众号等宣传媒介，向社会展示自身优质的教学硬件与软件、优秀的校友、优美的校园环境等，吸引学生、家长、用人单位、合作企业与机构的目光，扩大自身的影响力，进而提高大学生的就业质量。

第四节 | 大学生自身角度的实现策略

一、增强专业素养，提升实践能力

过硬的实力才是成功就业最有力的保障。首先，大学生要对自己有一个清晰的认识，要充分利用在校的时间，通过日常基础课程与专业课程的学习、教师与学长学姐的沟通交流，了解当前所学专业与社会就业的匹配程度，了解如何搜集最新的就业信息，明确就业单位与岗位对本专业毕业生的要求，进而结合自己的长处与喜好，明确自己的就业方向，这对找到一份自己愿意从事并能坚持长期发展的工作是至关重要的。其次，大学生要在学校期间对自己严格要求，继续保持高中的状态努力学习，掌握扎实的专业知识，在考试中取得不错的成绩，一份漂亮的成绩单不仅能够展示大学生的专业水平，也能够充分体现大学生的学习态度与学习能力，能让面试官对求职大学生的第一印象大大加分，同时要熟练使用基础办公软件和专业软件，积极参加校内外专业实习实践，掌握知识运用的方法与技巧，提升自己的专业技能与实践能力。最后，大学生要理性认识当前就业难的现状，当前毕业生数量越来越多，用人单位能够提供的就业岗位是有限的，要想顺利就业，就必须有要有过硬的综合实力，才能在众多求职者中脱颖而出，获得用人单位的青睐，因此，要严肃认真对待，克服等要靠心理，主动谋划出击，在毕业之前做好充分的准备工作，向心仪的单位主动联系、投递简历，进而抢占先机，尽快找到一份满意的工作。

二、大学生转变就业观念，提升就业能力

大学生需要转变对就业的认识，树立良好的就业观念。首先，大学生要转变以往让单位来适应自己的观念，应根据岗位的需求让自己主动去适应岗位，要对毕业后所从事的工作有合理的薪资预期，不可过高或过低。要充分理解岗位的需求，掌握当前社会薪资的变化，对自己能够创造的价值和应当获得的酬劳要与市场形势保持一致，要脚踏实地地学习工作，慢慢积累工作经验，实现厚积薄发。同时，也要认识到不同行业之间平均工资水平有所差异，不能盲目追求所谓的高薪。其次，在进行就业选择时，除了工资待遇外，还要考虑其他因素，比如未来发展前景如何、是否经常组织专业知识培训、是否需要长期加班等，这些因素也决定了就业质量。同时要结合自身的需求与喜好，不要盲目跟风，只有适合自己的才是最好的，要在未来发展与自身喜好之间找到契合点，帮助自己更好地去坚持学习、持续进步，在工作实践中获得更多的成长与收获，成为能够独当一面的专业人才。最后，要认真对待学校开设的各类专业课程的学习，听取就业指导老师给予的专业就业意见与指导，坚持通过学习提高自身的专业能力与综合素质，做到能够将理论知识熟练运用于实际工作当中，勤学善用是大学生解决就业问题的基石。要抓住一切就业机会，利用好毕业季学校举办的各类招聘会、线上直播带岗等，积极搜集各类招聘信息，针对求职岗位有针对性提前准备好简历及做好岗位了解，树立先就业、后择业的思想，通过在工作岗位上的锻炼，逐渐积累自己的工作经验与专业素养。

三、制订职业发展规划，善于在干中学

制订符合自身发展的职业方向和规划，能够避免工作中的许多弯路。学校考试模式的惯性思维的培养下，大学生主动适应环境和结合自身定位，确定发展方向上并不十分明确。大学生在就业后，应当根据用人单位所需，对自己的职业生涯有清晰的规划，根据自己的专业知识水平和综合素质，确定未来是走专业技术路线还是走管理路

线更适合自己，明确自己不同阶段的职业发展目标，通过聚焦职业发展目标，拆解分成小目标，分步骤实现，帮助大学生在工作过程中提升满意感和获得感。通过职业生涯规划，大学生能够尽早确立职业发现，从而培养职业能力，减少就业过程中的盲目性，提升自身就业质量。同时，要善于在工作中学习，当前科学技术的发展是非常快速的，无纸化办公逐渐普及，迅速适应时代的变化，熟练掌握各种办公硬件、软件的使用与维护是对职场人最基本的要求。不仅要保持持续学习的态度与能力，勇于接受新鲜事物，关注行业最新动态与发展，全方位、多角度提升自己的专业能力与竞争力，更要多学习人际关系的处理，正确看待处理工作中与同事、领导、客户之间的关系，能够稳妥有效地进行沟通，这对于初入职场的大学生来说是更高的要求。

四、培养积极心态，增强心理素质

当前社会对大学生的性格与心理素质有着更高的要求，初入职场，在工作中难免会遇到不顺心的事情，比如人际交往不愉快、工作分工不合理、节假日不能休息、离家较远等问题，这些看似不大的问题却对大学生产生较大的心理困扰，如果得不到合理的解决，久而久之就会萌生想要换一份工作的念头，然而换一份工作仍然会遇到这些甚至更多的问题，就会导致大学生频繁换工作，陷入一种自我否定的情绪。因此，大学生要学会培养积极乐观的心态，增强自身的心理素质，面对工作生活中的问题要积极主动沟通，寻找解决办法，专业知识不足就继续学习，人际交往不顺畅就学习沟通的方式方法，要深知工作的来之不易，珍惜工作机会，也要明白每一份工作都有每一份工作的不易，唯有自身具备硬实力才能应对各种困难与挑战。在工作中要保持积极稳定的情绪，对工作要有责任心，服从领导的各项工作安排，在规定时间内保质保量地完成各项工作，工作进度及工作中遇到的棘手问题要及时汇报，做到事事有回音、件件有着落。同时，还要做到坚持，保持持续的学习，每天一点点积累，长期下来就会有长足的进步，在激烈的社会竞争中拥有较强的竞争力。

第五节 | 本章小结

大学生更高质量就业的实现需要多方联动，本章从政府、用人单位、高校、大学生自身四个方面提出大学生更高质量就业的实现路径。

从政府角度来说，主要策略有：

（1）政府制定扶持政策，合理引导大学生就业方向。

（2）助力乡村振兴，建立大学生基层就业的机制。

（3）优化创新创业环境，推进大学生就业新样态。

（4）营造良好社会氛围，帮助大学生树立正确就业观念。

从用人单位角度来说，主要策略有：

（1）改善福利条件，保障大学生的劳动权益。

（2）明确用人需求，加强校企合作。

（3）营造良好的文化氛围，创建和谐的劳动关系。

（4）注重人文关怀，肯定员工价值。

从高校角度来说，主要策略有：

（1）适应市场变化，提升就业服务能力。

（2）关注点从就业数量到就业质量的转变。

（3）高校调整专业设置，做好就业指导。

（4）提高学校声誉与影响力。

从大学生自身角度来说，主要策略有：

（1）增强专业素养，提升实践能力。

（2）大学生转变就业观念，提升就业能力。

（3）制订职业发展规划，善于在干中学。

（4）培养积极心态，增强心理素质。

参考文献

[1] 蒋利平,刘宇文.大学生"慢就业"现象本质解析及对策[J].学校党建与思想教育,2020(4):64-66.

[2] 杨柳.新形势下"慢就业"大学生的行为表征、生成逻辑及引导策略[J].中国大学生就业,2020(14):43-47.

[3] 刘改花.社会支持视角下高校毕业生就业难的应对策略[J].广西质量监督导报,2021(1):32-33.

[4] 刘宇文.当前高校毕业生"慢就业"现象研究[J].人民论坛.学术前沿,2019(20):69-75.

[5] 贾晓芸.灵活就业、自由职业、"慢就业"……今年大学毕业生的就业心态有点"淡定"[EB/OL].(2021-05-13)[2021-10-10].http://www.hangzhou.gov.cn/art/2021/5/13/art_812266_59034783.html.

[6] 中国政府网.2021年政府工作报告[EB/OL].http://www.gov.cn/zhuanti/2021lhzfgzbg/.

[7] 陈晓强,张彦.劳动与就业[M].北京:社会科学文献出版社,2002:5.

[8] 童星,等.劳动社会学[M].南京:南京大学出版社,1999:11.

[9] 张小诗,于浩.高校毕业生高质量就业的基本内涵[J].现代教育管理,2016(7):115-119.

[10] European Foundation. Quality of Work and Employment.European Foundation for the Improvement ofLiving and Working Conditions, 2002(1):6.

[11] 罗莹.当代大学生就业能力与就业质量的关系研究[J].中国青年研究,2014(9):85-88,92.

[12] 周文霞,李硕钰,冯悦.大学生就业的研究现状及大学生就业困境[J].中国大学生就业,2022(7):3-8.DOI:10.20017/j.cnki.1009-0576.2022.07.001.

[13] 赵川,邓艾.大学生就业质量测度与评价的因子分析模型及其应用[J].中国大学生就业,2022(4):23-30.DOI:10.20017/j.cnki.1009-0576.2022.04.004.

[14] 张萌.职业价值观对大学生就业质量的影响[D].上海:华东师范大学,2020.

[15] Davoine L, Erhel C. Monitoring Employment Quality in Europe: European Employment Strategy Indicators and Beyond[J]. Université Paris1 Panthéon-Sorbonne (Post-Print and Working Papers), 2008, 147(2-3):163-198.

[16] Burchell B, Sehnbruch K, Piasna A, et al. The quality of employment and decent work: definitions, methodologies, and ongoing debates[J]. Cambridge Journal of Economics, 2014, 38(2):bet067.

[17] Amare M, Hohfeld L, Jitsuchon S, et al. Rural rban Migration and Employment Quality: A Case Study From Thailand[J]. SSRN Electronic Journal, 2012, 29(1):57-79.

[18] Goedhuys M. Employment Creation and Employment Quality in AfricanManufacturing Firms[J]. ILO Working Papers, 2002.

[19] 柯羽. 高校毕业生就业质量评价指标体系的构建 [J]. 中国高教研究, 2007(7): 82-93.

[20] 陈曦. 大学生初次就业质量评价及影响因素研究 [D]. 武汉: 华中农业大学, 2011: 32-36.

[21] 郑东亮等. 就业质量要与经济发展水平相适应 [N]. 中国劳动保障报, 2013-01-19.

[22] 陈成文, 周静雅. 论高质量就业的评价指标体系 [J]. 山东社会科学, 2014(7): 37-43.

[23] Schroeder, F.K,Work Place issues and placement: what is high qualityemployment[J]. Work, 2007(4):356-357.

[24] 范婧. 国内外就业质量进展及评述 [J]. 资源管理, 2014(5): 293-294.

[25] 李悦. 职业教育高质量就业的现实意蕴、基本样态与实现路径 [J]. 教育与职业, 2020(13): 104-107.

[26] 信长星. 努力推动实现更高质量的就业 [J]. 中国人口科学, 2012(12): 3-5.

[27] 王阳. 北京市实现更高质量就业水平评价及就业政策再完善 [J]. 经济与管理研究, 2018(7): 39-47.

[28] 李敏敏. 马克思就业理论视域下我国就业问题研究 [D]. 济南: 山东建筑大学, 2021.

[29] 杨雨诺. 马克思就业理论视域下新时代女大学生就业问题研究 [D]. 成都: 四川师范大学, 2021.

[30] 李祺俊. 新就业形态的就业指数构建及应用研究 [D]. 常州: 常州大学, 2021.

[31] 李军峰. 就业质量的性别比较分析 [J]. 市场与人口分析, 2003(6).

[32] A.L.KALLEBERG, S.VAISEY.Pathways to a Good Job:Perceived Work Quality among the Machinists in North America[J].British Journal of Industrial Relations,

2005(3):431.

[33] A.E.CLARK.Your Money or Your Life: Changing Job Quality in OECD Countries[J]. British Journal of Industrial Relations, 2005(3):377.

[34] L.DAVOINE, C.ERHEL.Monitoring Employment Quality in Europe: European Employment Strategy Indicators and Beyond[J].Document de Travail, 2006(147):163.

[35] 秦建国.大学生就业质量评价体系探析[J].改革与战略,2007(1).

[36] 刘新华,杨艳.家庭社会资本与大学生差序就业——关于家庭社会资本对大学生就业质量影响的研究[J].教育学术月刊,2013(5).

[37] 王占国.性别、高等教育分流与大学生就业质量——基于全国17所高校1354名毕业生的实证分析[J].高教探索,2015(12):107-111.

[38] 肖瑞雪,王明贤.基于Citespace文献计量法的大学生就业问题知识图谱分析[J].创新创业理论研究与实践,2022,5(3):160-162,169.

[39] 张姗姗,王尧骏.心理资本对大学生就业质量的影响[J].校园心理,2022,20(1):22-26.

[40] 沈晓强.大学生就业质量影响因素及就业质量标准研究[J].大众标准化,2022(2):40-42.

[41] 吴学亮.大学生高质量就业中政府作用研究[J].中国报业,2021(24):78-81.

[42] 李源源."双创"背景下提升大学生就业质量的思索[J].就业与保障,2021(23):85-87.

[43] 葛瑞卿.省级面板数据下FDI对就业质量影响研究[D].济南:山东财经大学,2021.

[44] 赵明.社会资本对贫困大学生的就业影响研究——基于江苏省8所院校调查结果的分析[J].江苏高教,2021(12):123-127.

[45] 杨桂兰,施长君,李日强.降低大学生就业成本提升就业质量的逻辑理路与实践对策[J].黑龙江教育(高教研究与评估),2021(11):16-19.

[46] 赖德胜,苏丽锋,孟大虎,等.中国各地区就业质量测算与评价[J].经济理论与经济管理,2011(11):88-99.

[47] 韩晶,陈曦.就业质量差异性视角下区域创新效率研究[J].工业技术经济,2020,39(6):3-12.

[48] 毛晶晶,路琳,史清华.上海农民工就业质量影响因素研究——基于代际差异视角[J].

中国软科学,2020(12):10.

[49] Aerden K V, Puig-Barrachina V, Bosmans K, et al. How does employment quality relate to health and job satisfaction in Europe? A typological approach[J]. Social ence & Medicine, 2016: 158.

[50] S Farné, Vergara C A. Economic growth, labour flexibilization and employment quality in Colombia, 2002-11[J]. International Labour Review, 2015, 154(2):253-269.

[51] Bileviciene T, Bileviciute E. TELEWORK ORGANIZATION MODEL AS METHOD OF DEVELOPMENT OF DISABLED PERSONSE EMPLOYMENT QUALITY[J]. Perspectives of Innovations Economics & Business, 2010(5).

[52] Employment F, Market F L, Underemployment F, et al. Fiji: Creating Quality Jobs - Employment Diagnostic Study. 2015.

[53] Baldridge D, Konrad A M, Moore M E, et al. Childhood onset disability, strong ties and employment quality[J]. Equality, Diversity and Inclusion: An International Journal, 2017, 36(1).

[54] 刘素华.建立我国就业质量量化评价体系的步骤与方法[J].人口与经济,2005(6):36-40.

[55] 李斌.试谈基于就业满意度的大学毕业生就业质量评价体系[J].燕山大学学报(哲学社会科学版),2009(3):10.

[56] 苏丽锋.我国新时期个人就业质量研究——基于调查数据的比较分析[J].经济学家,2013(7):41-51.

[57] 潘文庆.就业价值观对大学生就业质量的影响研究[J].广东社会科学,2014(4):40-46.

[58] 刘永平.基于模糊数学理论的就业质量评价体系研究[J].北京工业大学学报(社会科学版),2018(6):88-96.

[59] 齐鹏,程晓丹.高校毕业生就业质量评价体系研究[J].江苏高教,2019(3):86-89.

[60] 方焕新.构建大学毕业生就业质量评价体系[J].人力资源开发管理,2011(7).

[61] 王晓晶.大学毕业生就业质量评价指标体系及影响因素研究[D].石家庄:河北师范大学,2014.

[62] 刘燕斌.实现更加充分更高质量就业——促进就业"十四五"开创新局[J].中国人

力资源社会保障,2021(2):32-34.

[63] 关于实现更加充分更高质量就业的研究报告(摘要)[J].中国就业,2021(8):4-6.

[64] 谢珺.更高质量就业的内涵与其面临问题的成因分析[D].上海:上海社会科学院,2014.

[65] 信长星.努力推动实现更高质量的就业[J].中国人口科学,2012(6):2-5.

[66] 王阳,杨宜勇.健全更高质量就业促进机制研究[J].劳动经济评论,2020,13(2):97-116.

[67] 谭永生.中国更高质量和更充分就业的测度评价与实现路径研究[J].宏观经济研究,2020(5):82-90.

[68] 任晓雅,汪丽萍.体面劳动视角下推进农民工实现更高质量就业的对策[J].河北软件职业技术学院学报,2019,21(4):60-63.

[69] 郑志宏,孔洁珺.中国高校就业工作四个主体领域的发展历程与趋势论析[J].黑龙江高教研究,2017(1):133-137.

[70] 唐菡悄.改革开放以来高等教育与就业关系的变迁研究[D].芜湖:安徽师范大学,2021.

[71] 北京市人民政府转发《国务院批转国家计委等部门关于一九八三年全国毕业研究生和高等学校毕业生分配问题报告的通知》[EB/OL].http://www.beijing.gov.cn/zhengce/zfwj/zfwj/szfwj/201905/t20190523_70889.html.

[72] 鄂义强.中国大学生就业中政府责任研究[D].长春:东北师范大学,2020.

[73] 李颖.新时代大学生就业观研究[D].石家庄:河北大学,2021.

[74] 康宁.中国高等教育资源配置转型程度的趋势研究[M].南京:南京大学出版社,2020(1).

[75] 杨秀英.地方高校大学生基层就业政策执行研究[D].成都:四川师范大学,2021.

[76] 胡鑫.乡村振兴战略人才支撑体系建设研究[D].长春:吉林大学,2021.

[77] 黎浩敏.专创融合视角下高职院校创新创业教育质量评价研究[D].广州:广东技术师范大学,2020.

[78] 周倩.新世纪以来我国大学生就业问题研究[D].济南:齐鲁工业大学,2020.

[79] 武智.新中国职业教育政策变迁研究(1949—2019)[D].扬州:扬州大学,2021.

[80] 陶熠.新创业教育体系构建与实践[J].高教学刊,2022(4).

[81] 童林,章春松."专家意见法"在电力企业审计管理的应用[J].中国电力教育,2012(3).

[82] 张海涛.集群环境下企业营销绩效评价指标体系研究[D].杭州:浙江理工大学,2010.

[83] 陈万明,徐国长,戴克清,等.新生代农民工就业质量评价体系[J].江苏农业科学,2019(11).

[84] 张淼.大学生就业质量评价指标开发及其实证检验[D].西安:西北工业大学,2017.

[85] 马丛丛.大学毕业生就业质量的影响因素研究[D].杭州:浙江财经大学,2017.

[86] 钱芳.农民工就业质量影响因素及其作用机理研究——以江西省为例[D].南昌:南昌大学,2014.

附　录

附录1 ｜ 大学生就业质量访谈提纲

1. 就业时的第一份工作好找吗？通过什么渠道找到（家人朋友介绍，校招，等等）
2. 初次就业工作符合个人期望吗？从第一份工作到现在换过工作吗？有几次？
3. 现在的工作岗位和所学专业匹配吗？发展空间如何？晋升机制？
4. 是否经常加班，工作强度，工作环境如何？
5. 收入（工资奖金福利），签订合同，五险二金情况？
6. 对目前的工作满意吗？同事关系是否和谐？
7. 在工作中个人价值的实现情况？

附录2 | 大学生就业质量调查问卷

您好！感谢您参加本次了解大学生就业质量的调查，问卷填写都是匿名方式，统计数据为研究所用，请您按实际情况和真实想法回答问题。再次向您表示感谢！

第一部分　基本情况

1. 您的性别：[单选题]

○男　　　　　　　　　○女

工作所在城市：[填空题]

_____

2. 毕业院校：[单选题]

○（1）"211"和"985"院校　　○（2）省重点　　○（3）普通本科

○（4）独立学院、民办高校　　○（5）专科院校

3. 大学期间所学专业类型：[单选题]

○（1）文史类

○（2）经管类

○（3）法政类

○（4）教育类

○（5）外语类

○（6）理工类

○（7）农林类

○（8）医学类

○（9）其他

4. 大学毕业时间：年　月[填空题]

_____

5. 您目前的学历层次为：[单选题]

○（1）职业技术教育　　○（2）专科　　○（3）本科　　○（4）研究生及以上

6. 上大学期间，您的家庭所在地是：[单选题]

○（1）农村　　　　　　○（2）乡镇　　　　　　○（3）县城

○（4）普通城市　　　○（5）其他省会城市　　　○（6）直辖市

7. 上大学期间，您的家庭年收入：[单选题]

○（1）3万元及以下　　○（2）3万~6万元　　　○（3）6万~10万元

○（4）10万~15万元　　○（5）15万元以上

第二部分　学校及初次就业

8. 您找到第一份工作的时间是：[单选题]

○（1）至今仍未找到工作　　○（2）毕业一年后　　○（3）毕业6个月以内

○（4）毕业3个月以内　　　○（5）毕业前

9. 您毕业后的第一份工作是通过何种途径找到的：[单选题]

○（1）校园招聘会　　　　　○（2）人力资源市场招聘会

○（3）网上招聘或新媒体　　○（4）父母亲戚或熟人介绍

○（5）公务员考试　　　　　○（6）其他途径

10. 您第一份工作的单位性质：[单选题]

○（1）党政机关

○（2）事业单位

○（3）国有企业

○（4）外资、港澳台投资企业

○（5）民营企业

○（6）自主创业

○（7）其他

11. 您在大学期间是否有过专业实习经历：[单选题]

○（1）没有　　　　　　　　○（2）累计实习3个月以内

○（3）累计实习3~6个月　　○（4）累计实习6个月以上

12. 您所在学校（大学）在就业指导及就业信息的提供方面比较符合哪种情况

12.1　学校设有专门的学生就业服务部门 [单选题]

○（1）不符合　　　○（2）较不符合　　　○（3）一般

○（4）较符合　　　○（5）完全符合

12.2　学校就业服务体系很完善 [单选题]

○（1）不符合　　　○（2）较不符合　　　○（3）一般

○（4）较符合　　　　○（5）完全符合

12.3　学校从大一开始进行就业培养[单选题]

○（1）不符合　　　○（2）较不符合　　　○（3）一般

○（4）较符合　　　○（5）完全符合

12.4　学校通过各方面为学生提供就业信息[单选题]

○（1）不符合　　　○（2）较不符合　　　○（3）一般

○（4）较符合　　　○（5）完全符合

12.5　学校有很多职业规划和发展方面的社团活动[单选题]

○（1）不符合　　　○（2）较不符合　　　○（3）一般

○（4）较符合　　　○（5）完全符合

12.6　学校很重视学生就业素质拓展训练（如开设各种实践过程和实习基地）[单选题]

○（1）不符合　　　○（2）较不符合　　　○（3）一般

○（4）较符合　　　○（5）完全符合

第三部分　就业基本情况调查

13. 您从大学毕业后总工作年限：[单选题]

○（1）1年以内　　○（2）1~3年　　○（3）3~5年　　○（4）5年及以上

14. 您现在的工作岗位与所学专业对口程度[单选题]

○（1）完全不对口　○（2）不太对口，但有关联　○（3）比较对口

○（4）很对口　　　○（5）不知道

15. 您的职业规划情况：[单选题]

○（1）无职业发展规划，发展路径不清晰

○（2）无职业发展规划，但发展路径清晰

○（3）有职业发展规划，但发展路径不清晰

○（4）有职业发展规划，且发展路径清晰

16. 您的工作有公正透明的晋升机制：[单选题]

○（1）不符合　　　○（2）较不符合　　　○（3）一般

○（4）较符合　　　○（5）完全符合

17. 您平均每周工作小时数为：[单选题]

○（1）60小时及以上　　○（2）50~60小时　　○（3）40~50小时

○（4）30~40小时　　　　○（5）30小时以下

18. 您一周内平均有几天要加班？[单选题]

○（1）4天及以上　　○（2）3天　　○（3）2天

○（4）1天　　　　　○（5）不加班

19. 您的工作环境如何？[单选题]

○（1）非常不好　　○（2）不好　　○（3）一般

○（5）非常好　　　○（4）好

20. 您毕业以来变换工作单位的次数：[单选题]

○（1）三次以上　　○（2）三次　　○（3）二次

○（4）一次　　　　○（5）从未变换工作

21. 您目前的月工资水平约为：[单选题]

○（1）3500元以下　　　○（2）3500~5000元　　○（3）5000~6500元

○（4）6500~8000元　　○（5）8000元以上

22. 您目前签订劳动合同的情况是：[单选题]

○（1）未签合同　　　　○（2）签1年期合同　　○（3）签2年期合同

○（4）签3年期合同　　○（5）签3年期以上合同

23. 您目前就职单位为您提供的保险包括（可多选）：[多选题]

□（1）养老保险　　□（2）医疗保险　　□（3）失业保险

□（4）工伤保险　　□（5）生育保险　　□（6）其他补充类保险

□（7）没有任何保险

24. 您是否享受企业可能给予职工的下列福利（可多选）：[多选题]

□（1）定期体检，建立健康档案　　□（2）带薪休假

□（3）住房补贴或集体宿舍　　　　□（4）交通补贴

□（5）集体食堂免费或低价提供的工作餐　　□（6）无集体食堂，有餐饮补贴

□（7）节假日福利　　□（8）其他福利

□（9）没有任何福利

25. 您对目前工作的总体满意程度为：[单选题]

○（1）非常不满意　　○（2）不满意　　○（3）一般

○（4）满意　　　　　　　○（5）非常满意

26. 您所在单位和员工没有劳资冲突：[单选题]

○（1）不符合　　　　　　○（2）较不符合　　　　　　○（3）一般

○（4）较符合　　　　　　○（5）完全符合

27. 单位带给您很强的归属感：[单选题]

○（1）不符合　　　　　　○（2）较不符合　　　　　　○（3）一般

○（4）较符合　　　　　　○（5）完全符合

28. 您的职业社会认可度很高：[单选题]

○（1）不符合　　　　　　○（2）较不符合　　　　　　○（3）一般

○（4）较符合　　　　　　○（5）完全符合

29. 您在工作中能够实现自我价值：[单选题]

○（1）不符合　　　　　　○（2）较不符合　　　　　　○（3）一般

○（4）较符合　　　　　　○（5）完全符合

30. 工作过程中的技能培训能够满足您的预期？[单选题]

○（1）不符合　　　　　　○（2）较不符合　　　　　　○（3）一般

○（4）较符合　　　　　　○（5）完全符合